U0693818

六盘华彩

The Spiraling Glory

Treasures from Guyuan, Ningxia

宁夏固原文物精品集

上海博物馆
Shanghai Museum

上海书画出版社

致 辞

固原位于宁夏回族自治区南部地区，六盘山纵贯南北。东南连接关中平原，西通河西走廊，北邻大漠草原，自古以来就是中原文化、草原文化与西域文化的交汇地带，多元文化在此地交流融合、共同发展。

西周时期，固原称“大原”，是周王朝的战略要地，《诗经》中有周宣王时“薄伐玁狁，至于大原”的记载。固原彭阳县姚河塬西周遗址入选“2017 年度全国十大考古新发现”，是目前发现的最西北的西周封国都邑城址。春秋战国时期，固原地区呈现出中原文化与北方草原文化共同繁荣发展的面貌。汉唐以来，固原凭借优越的地理位置，成为丝绸之路上繁荣的商贸要冲。驼铃悠悠，商旅往来，中西文化在此交融，编织成一幅绚丽的文明织锦。

本次展览汇集了三百余件来自宁夏固原地区西周至隋唐时期的文物精品，不仅展示出古代固原地区多元文化交融的壮阔图景，更是以丰富的文物类型实证了中华文明具有的强大吸引力和突出的包容性特征。姚河塬西周遗址出土卜骨、青铜器、玉器令我们得以怀想西周最西北封国的礼乐盛景。春秋战国时期装饰动物纹的各类器物体现出草原文化在该地的浸润与发展。北周李贤墓出土鎏金银壶、凸钉玻璃碗等异域珍品造型典雅，精美绝伦，承载着域外工匠的精湛技艺与审美意趣。固原隋唐史氏墓群是较为少见的入华粟特人墓群，出土汉文墓志、壁画及彩绘镇墓武士俑等文物展现了入华粟特人的华夏化进程。

西周至隋唐时期的固原是历史长河中的一段切片，以其文化交融之美为我们打开了一扇洞察中华文明发展进程的窗户，我们由此可以一览多元文化交织的历史华章。

上海博物馆馆长

Foreword

Guyuan, located in the southern part of the Ningxia Hui Autonomous Region, is traversed north to south by the Liupan Mountains. To the southeast, it connects with the Guanzhong Plain; to the west, it links to the Hexi Corridor; and to the north, it borders the vast desert and steppe. Since ancientry, this place has been a cultural crossroads where Central Plains culture, steppe culture, and Western Regions culture intersect, interact, and co-evolve.

During the Western Zhou period, Guyuan was known as Dayuan, a strategic stronghold of the dynasty. The Book of Songs records King Xuan of Zhou's "expedition against the Huns, reaching as far as Dayuan." The Western Zhou site at Yaoheyuan in Pengyang County, Guyuan was one of China's Top Ten Archaeological Discoveries of 2017, representing the most northwestern Western Zhou feudal capital site discovered to date. In the Spring and Autumn and Warring States periods, the place was characterized by the co-prosperity of Central Plains and Northern steppe cultures. From the Han to the Tang dynasty, Guyuan's strategic location made it a thriving commercial hub on the Silk Roads. The melodious camel bells and the constant flow of merchants facilitated the integration of Chinese and Western cultures, weaving a vibrant tapestry of civilization.

This exhibition features over 300 exquisite artifacts from the Western Zhou to the Sui and Tang periods found in the Guyuan region of Ningxia. These artifacts not only depict the grand panorama of cultural integration in ancient Guyuan but also provide substantial evidence of the strong appeal and remarkable inclusiveness of Chinese civilization. Oracle bones, bronze ware, and jade unearthed from the Yaoheyuan site evoke the splendor of the Western Zhou's ritual and music culture in its northwesternmost vassal state. Various vessels adorned with animal patterns from the Spring and Autumn and the Warring States period reflect the influence and development of steppe culture in the region. The finely crafted artifacts, such as the gilded silver ewer and the studded glass bowl from the Northern Zhou tomb of Li Xian, bear witness to the superb craftsmanship and aesthetic tastes of foreign artisans. The Sui and Tang tombs of the Shi family in Guyuan, a rare example of a Sogdian cemetery in China, reveal the Sinicization of Sogdians through the excavation of memorial inscriptions in Chinese, murals, and painted figurines of tomb-guarding warriors.

From the Western Zhou to the Sui and Tang, Guyuan served as a cross-section by which to observe the developmental trajectory of Chinese civilization. The beauty of cultural integration in this wonderful place leads us to appreciate the gorgeous images of the past woven by diverse cultures.

Dr. Chu Xiaobo

Director of the Shanghai Museum

致　辞

在华夏文明的大版图中，固原是宁夏的历史名城，文化底蕴深厚，见证着岁月沧桑、山水移变。

宁夏固原博物馆镇馆之宝鎏金银壶、凸钉玻璃碗及馆藏珍品青铜器、金银器、玻璃器、壁画等百余件文物，皆是千年固原、丝路华章的生动注脚。今天，它们从黄土高原走向黄浦江畔，愿这些承载着多元文化基因的瑰宝，再绽异彩，再述文明。

上海博物馆作为博物馆界领航者，拥有着卓越的展览策划能力与广博的文化基础。此次合作，拓展了东南与西北的文化交流，也是沪宁文旅协作的新篇章。相信通过此次展览，必将深化对中华民族多元一体的共识，推动构建中华民族之共有精神家园。

向本次策展团队顺致诚挚谢意，期待本次展览圆满成功！

宁夏回族自治区固原博物馆书记、馆长

张　强

Foreword

Within the grand tapestry of Chinese civilization, Guyuan, a historic city in Ningxia with a rich cultural heritage, bears witness to the passage of time and the changes of landscapes.

The treasured artifacts from the Guyuan Museum of Ningxia—including its crown jewels: the gilded silver ewer and the studded glass bowl, as well as over a hundred exquisite items of bronzeware, goldware, silverware, glassware, and murals—serve as vivid testimony to the millennium-long legacy of the city and to the commercial and cultural splendor of the Silk Roads. Now, they have journeyed from the Loess Plateau to a cosmopolis on the Huangpu River. May these treasures with diverse cultural genes radiate fresh brilliance and continue to narrate the tales of Chinese civilization.

As a leading institution of exhibition and collection in the world, the Shanghai Museum is renowned for its exceptional curatorial expertise and profound cultural heritage. This collaboration not only enhances cultural exchanges between Southeast and Northwest China but also marks a new chapter in cultural and tourism cooperation between Ningxia and Shanghai. We believe that this exhibition will foster a deeper understanding of China's unity in diversity and will help to build a shared spiritual home for the Chinese nation.

We extend our sincere gratitude to the curatorial team and look forward to the exhibition's great success!

Zhang Qiang

Director and CPC Branch Secretary of the Guyuan Museum of the Ningxia Hui Autonomous Region

前　言

宁夏南部的六盘山横亘于河套平原与关中平原之间，既是关中地区的天然屏障，也是古代农耕文明和游牧文明的交汇地。固原地处六盘山麓之间，是古代中原的战略要地，也是古老的丝绸之路重镇。固原出土的大量精美文物，展现了中原文化与草原文化在此地的深度交融，更印证了中西文化在这座丝路都市的汇聚，是中华文明多元一体的生动实证。

固原孙家庄、姚河塬西周遗址出土的各类青铜器、玉器，充分见证了西周时期中原礼制在此生根、发展的历程；春秋战国遗址出土的各类动物纹饰件，则是极具生命力的北方草原艺术在此地浸润传播的体现。

南北朝时期，固原是丝绸之路上的重要都市。北周柱国大将军李贤墓出土的墓志、壁画及彩绘陶俑群，沿袭了中原传统的墓葬规制；同墓出土的鎏金银壶、凸钉玻璃碗等异域珍品，则体现出该地丝路贸易的繁荣。

隋唐时期，活跃在中亚的粟特人大量入华，他们积极参与中原王朝的政治、经济活动，主动融入中华民族大家庭。粟特人史氏家族墓地遵循中原墓葬制度，汉文墓志铭刻着入华粟特人的华夏身份认同，墓葬壁画中的人物服饰、绘制技法也与中原墓葬壁画一脉相承；而面覆金饰、口含金币的葬俗，又体现出他们对故土的怀念。

古代的固原地区，东连中原文化，北通草原文化，西接丝绸之路，始终是多元文化互动的枢纽地带，蕴含着中华文明的丰富内涵。此次展出的三百余件固原精品文物，虽只是历史长河中的吉光片羽，却如多棱镜般折射出中华文明海纳百川的胸襟。当我们凝视这些穿越时空的文明信物，看到的不仅是固原大地上的文化交融，更是中华民族共同体形成的生动轨迹。

Introduction

Stretching across southern Ningxia, the Liupan Mountains lie between the Hetao Plain and the Guanzhong Plain, serving not only as a natural barrier for the Guanzhong region but also as an intersection for the agrarian and nomadic civilizations in ancient China. Nestled at the foothills of the mountains, Guyuan was a strategic stronghold of the Central Plains and a vital hub along the ancient Silk Roads. The sheer quantity and delicacy of artifacts unearthed in Guyuan reveal the profound cultural fusion between the Central Plains and the northern steppes, attesting to the convergence of Chinese and Western cultures in this Silk Road metropolis and providing clear evidence for the Chinese civilization's unity in diversity.

The oracle bones, bronzes, and jade objects excavated from the sites of Sunjiazhuang and Yaoheyuan in Guyuan bear witness to the establishment and evolution of the Central Plains ritual system in this region during the Western Zhou dynasty. Meanwhile, the animal-patterned ornaments unearthed from sites of the Spring and Autumn and Warring States periods reflect the dynamic influence of art from the northern steppes.

During the Northern and Southern dynasties, Guyuan flourished as a key city in the network of the Silk Roads. The epitaphs, murals, and painted pottery figurines from the tomb of Li Xian, Great General as Pillar of the State of the Northern Zhou, document the burial customs of the Central Plains. Moreover, exotic treasures found in the tomb, such as the gilded silver ewer and the studded glass bowl, highlight the prosperity of commerce along the Silk Roads.

In the Sui and Tang, Sogdians migrated eastward from Central Asia in large numbers, actively engaging in the political and economic activities of the Central Plains and gradually becoming a part of the broader Chinese nation. The cemetery of the Shis, a family of Sogdian settlers in Guyuan, follows the burial traditions of the Central Plains, with memorial inscriptions written in Chinese affirming their strong sense of national identity. The murals in these tombs carry on the Central Plains traditions in terms of the rendering of clothing and the techniques of painting, while gold facial ornaments and gold coins placed in the mouths of the deceased preserve traces of their ancestral funerary customs.

With the Central Plains to the east, the steppes to the north, and the Silk Roads to the west, Guyuan acted in ancient times as a melting pot of culture and embodied the rich essence of Chinese civilization. The over 300 artifacts on display here, though mere fragments of history, reflect—like a prism—the diverse aspects of Chinese civilization and thereby manifest its inclusiveness. As we gaze at these relics as travelers from far away and long ago, we witness not only cultural interactions in Guyuan but also the Chinese nation's gradual yet dynamic evolution into a unified community.

目 录
Contents

悠悠六盘山：宁夏固原地区考古述略

罗　丰

宁夏地处中国西北内陆，空间格局上呈现为北部引黄灌区、中部干旱带、南部山区三大分区。南北两山，北部依贺兰山与内蒙古划界，南部则沿六盘山与甘肃分野。黄河呈西南—东北走向流经境内中卫、吴忠、银川等地，中、北部清水河、苦水河是黄河的重要支流，南部则有泾河、茹河等泾水支流和葫芦河等渭水支流。境内的早期文明大多诞生于诸河流域，现在的主要城市也多位于河谷地带。河流沿线不但是各族人民的生息之所，也是不同文明的交往纽带，早期的道路网络基本沿着河流走向分布，现代公路交通也大抵与此重合。

固原位于宁夏回族自治区南部，地处黄土高原暖温半干旱气候区，是典型的大陆性季风气候，干旱少雨，平均年降水量在400毫米左右，集中在夏季。冬季一般无降水，春秋两季降水量相对较少，但得益于境内河流分布和灌溉手段等，仍能维持旱作农业开展的基本条件。远古时期的六盘山区环境秀丽、气候温润、森林茂密，旧石器时代就有人类在此生息繁衍，兼以黄土疏松肥沃、易于开垦等因素，当地具有沧桑悠久的农耕历史。此后伴随气候变化和胡汉势力的此消彼长，固原地区人类的生计方式总体呈现出农牧交错的特征。

新石器时代

考古资料显示，固原在新石器时代已有以原始农业为主要生计方式的人群。固原地区在新石器时代先后有仰韶文化、马家窑文化、菜园文化、齐家文化等。

1986年发掘的隆德页河子遗址中[1]，除去仰韶晚期遗存外，还出土有仰韶文化早、中期的彩陶，可见这里曾经是仰韶文化分布的西缘。继仰韶文化之后，马家窑文化系统的石岭下、马家窑类型在这一地区得到了充分发展。海原菜园马樱子梁遗址[2]，出土的彩陶约占三分之一，以黑彩为主，与马家窑文化石岭下类型相似，^{14}C测定约为公元前3000年，与前者年代相当。相去不远的曹洼遗址[3]，却是一个单纯的马家窑类型遗存，彩陶以桔黄色地为主。

在石岭下、马家窑类型之后，宁夏南部地区发展出一种带有明显地域文化特征的菜园类型。该类型的遗存分布范围广泛，已经发掘的除菜园遗址外，还有固原店河[4]、海原龚湾、海家湾[5]等遗址。从发掘材料较为丰富的菜园林子梁遗址看，居室有穹窿顶窑洞和半地穴式，根据一座未经扰动的大面积窑洞推测，菜园人已经具有固定的抽象信仰生活[6]。墓葬形制方面，竖穴土坑、竖穴侧龛、竖穴土洞、横穴土洞、侧龛土洞五种形式同时并存，其中竖穴侧龛、侧龛土洞为其他地区所鲜见，单体屈肢葬甚为流行。陶器以中等体量的小口罐、单耳罐、双耳罐最多，均为平底器，泥条盘筑，未见慢轮修整，以夹砂陶居多，且以篮纹为主要纹饰。彩陶的数量少，以黑彩为主，也有少量的紫彩和红彩。图案有宽带、条纹、弧线、竖条、斜条、网格、锯齿等纹样，以网格纹最为常见，且往往在一件器物上见有数种图案组合（图1）。依照陶器的特征、组合和彩陶纹样母题的对比分析，菜园类型虽是由马家窑类型孕育而来，但与马家窑类型的直系后继者半山、马厂类型相较而言，虽然表面风格类似，实际上却相去甚远；部分器物与常山下层有密切的关系，而代表着马家窑类型沿袭风格的陶器却不见于常山下层。菜园类型应该是一种有着明显地域特色，与半山、马厂类型并行发展起来的独立文化。

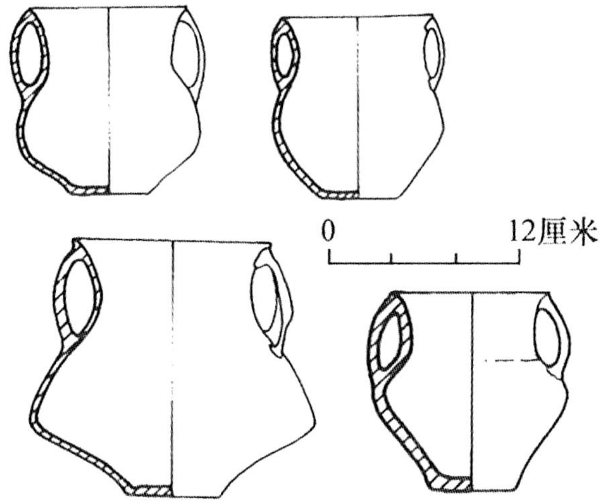

图 1 菜园林子梁遗址二期三段出土双耳罐
（采自宁夏文物考古研究所：《宁夏菜园：新石器时代遗址、墓葬发掘报告》，北京：科学出版社，2003 年，第 220 页，图五九 :9-12）

隆德页河子遗址第二段的遗存，出土陶器的主要器型有高领折肩罐、夹砂深腹罐、泥质双耳罐、单耳罐、夹砂双耳罐、单耳罐、鬲、斝、盉、盘等；颜色以桔黄、桔红为主，磨光或素面者最为常见，其次为篮纹、麦粒状绳纹装饰，有一定数量的附加堆纹和少量的刻划纹、方格纹。其中高领折肩罐、双耳罐等主要器种，与齐家文化最典型的秦魏家、皇娘娘台遗址的相比，陶色、器型、纹饰大体一致，归入齐家文化范畴或许是恰当的。值得指出的是，在此之前发现的兴隆、上齐家遗存，也有与之相同的陶器特征，而前者则被认为是齐家文化的典型遗存的主要来源[7]。当然以现有的材料而言，尚不能证明这种推测的可靠性。

尽管页河子遗址没有发现类似菜园类型和第二段遗存在地层上的叠压关系，但后者晚于前者却是不争的事实。其中单耳罐、双耳罐、深腹罐、麦粒状绳纹等陶器主要特征，是由菜园类型发展而来的。考虑到齐家文化在地域发展上的不平衡因素，菜园类型可能是陕、甘、宁交界地区齐家文化的主要源头。以页河子遗址第二段遗存为代表的齐家文化在其发展过程中，明显受到其东部客省庄二期文化的巨大影响[8]，从而产生了菜园类型所缺少的鬲、斝、盉等三足器文化因素。

在固原已经发掘的新石器时代遗址中，在如周家嘴头遗址、菜园遗址和隆德沙塘北塬遗址中均发现有窑址。其中，周家嘴头遗址中发现有大量的陶窑，共计 43 座，其中仰韶中期 1 座，仰韶晚期 36 座，齐家时期 6 座[9]，多分布在房址周边。表明在仰韶晚期随着经济的发展，社会开始有了一定的分工，周家嘴头遗址已经成为一个以家庭为单位的专门化陶器生产为主业，农牧经济并重或为辅的手工业制陶聚落遗址，或许这里曾是宁夏南部一个重要的手工业中心和集散地。仰韶晚期遗迹单位中浮选的种子里存在大量的粟秕、黍秕，这可能是因为专注陶器制作而忽视了农作物的种植和收获，这也表明了制陶经济对周家嘴头遗址的重要性。

商周时期

固原早年间发现的西周成、康时期的墓葬出土有鼎簋、兵器、马具等，被认为是周人势力越过陇山以西的重要证据[10]，这些零星的发现填补了该地区西周考古的空白，证明西周初年周文化及其统治势力业已拓展到今宁夏固原地区，对“大原”地望的研究、对认识和探索早期周人的活动区域和文化面貌具有非常重要的意义。

近年来彭阳县新集乡发现的姚河塬遗址进一步实证了周人势力向西北的大拓展。姚河塬遗址有内城（面积约 56 公顷）、外城（占地 40 公顷）两个部分，内外城由一条“L”形的护城河以及一条南北向城墙分开。内城的东部与东北部分布着两处高等级墓葬，其间有一个青铜作坊和几个制陶作坊；内城中心有一个大型夯土建筑基址，可能是一座宫殿建筑群。外城目前发现了一些房屋、灰坑、储藏坑、窑洞和道路的遗迹。出土器物包括青铜器、陶器、玉石器、漆器以及骨、角、象牙和贝壳制品。[11] 姚河塬遗址出土器物的来源非常广泛，显示出该地先民是青铜时代东亚广域贸易网络的重要参与者。根据初步的 XRF 分析，遗址出土的玉器很可能来自新疆和田或甘肃马鬃山；天河石来自中国东北部；象牙工艺品的原材料可能来自南方；原始瓷烧制水平很高，很可能是在浙江北部的钱塘江流域生产的。这些器物可能是通过长途贸易直接运到姚河塬的，也有可能是通过周原、丰镐等周人中心，经过重新分配后转运而来的，姚河塬出产的马匹很可能在这一贸易网络中起到重要的运输作用。

姚河塬城址内的青铜作坊是中国西北地区首次发现的西周时期青铜铸造遗址。出土陶范显示，该作坊除制作青铜容器外，还涉及兵器、车马器、工具等。从熔铜渣、坩埚、回炉重熔的铜片等遗存来看，该作坊所用铜料很可能是从他处转运而来的铜锭（饼），而不存在冶炼环节。作坊区还发现了大型储水池、储泥池、羼和料坑、烘范窑、工棚、填埋陶范的废弃坑等，足见姚河塬的铸铜产业链基本完整。[12]

遗址东北部的墓地发掘出土了 38 座西周时期的高等级墓葬，其中“甲”字形竖穴土坑大墓 2 座、长方形竖穴土坑大墓 2 座、中型墓 16 座、小型墓 18 座，另有马坑 6 个、车马坑 4 个、祭祀坑 2 个。大墓和中型墓内都有嵌套的棺椁，死者头向北，身体呈仰卧姿势。墓内常见殉牲，包括马、牛、山羊、绵羊、鸡、狗和兔子。许多墓葬都撒有朱砂，并伴有腰坑殉狗的习俗。[13] 值得注意的是，4 座大型墓都有几个同时代的中型陪葬墓，每个陪葬墓都有一条狭窄的通道与大墓的上部相连，形成了不同的“组墓葬”。4 个“组墓葬”位于墓地中心，可能属于当地四代统治者。另外，墓葬区北部 M21 的墓主很可能也是一位统治者。如果这一推断无误，至少有五位诸侯国君被埋葬在这个高等级墓葬区内。

卜骨、卜甲在姚河塬遗址分布范围较广，从城址中心区到边缘区域都有发现，表明该城址使用文字比较频繁。文字所涉内容有农业生产、巡狩、战争等主题，总计字数约一百五十字。其中 M13 出土有“入戎于获侯”的卜辞。“侯”的称谓非常罕见，在西周时期，“侯”是授予周朝诸侯国统治者的爵位。有关“获侯”的性质尚有一些争议，姚河塬遗址是否为获国政权的遗存？获国政权是泾河上游的本土政体亦或周朝建立的地区性政权或军事驻地？由于铭文残缺不全，来龙去脉尚不清楚，这些重要问题目前还无法回答。

公元前 2000 年至前 1000 年间的气候逐渐转向干旱。顺应这一变化趋势，中国北方地区的原始农业区随之产生了利用食草动物特性进行生产的经济形态。这种专业游牧化经济在公元前 1000 年至前 800 年间迅速在欧亚大陆的草原蔓延，一种以兵器、马具、动物纹样为代表的青铜文化广泛流行[14]。在文献记载中，此时活动在宁夏地区的主要是鬼方、猃狁等族群，与周王朝的定居族群之间经常有战争发生。这不仅揭示了泾河上游政治文化的复杂性，帮助我们重新审视周王朝的政治管控和西北地区政治文化，而且也拓展了我们对东亚青铜时代稀缺资源和奢侈品交换网络的认识。定居的农业民族对带有恐怖色彩的游牧民族所知甚少，不少消息都源自道听途说，有时难免会有夸大其词，传世文献的相关记载也难免失实或疏漏。陆续发现的考古学证据增添了这段历史的清晰度。

考古发现表明，在今宁夏南部、甘肃东部及东南部的广大地区域内除了东周时期的秦文化之外，还发现了数量众多、文化面貌独特的一类遗存，即北方系青铜文化。

（中国）北方系青铜器研究在西方学界由来已久，但在中国却是近三十年才出现了规模颇巨的研究成果[15]。此后宁夏地区成为北方系青铜文化的集中分布区之一，中原式青铜器则逐渐淡出。北方系青铜器从 20 世纪 70 年代起就有一些零星发现[16]，80 年代这类发现数量甚多[17]，两处大规模墓地——彭堡余家庄[18]、杨郎马庄[19]墓地的发掘使我们大体上了解了这种文化的一般面貌。墓葬形制方面有土坑墓、竖坑土洞墓、侧室土洞墓等，其中以洞室墓最具特色，显示出一种重要的墓葬文化序列。它兴起于西北黄土高原，墓室中有 30° 的斜坡，主要是模仿墓主人生前所居住的窑洞营造的。墓室中陪葬大量马、牛、羊骨，这些骨骼并非动物全体，而是选用头骨作为代表，有时配以蹄骨，每墓从几具到几十具不等，最多达五十多具。墓主人头低足高现象存在于多个墓葬之中，大多数为仰身直肢葬，没有葬具，头东足西，或头东北足西南，是当地的一种重要葬俗。一般认为墓主人头向所表达的是自身来源或信仰，北方游牧民族有崇尚日月所生的习俗[20]。

彭堡余家庄、杨郎马庄墓葬中随葬品中属于农业生产的工具很少，通常只有一二件陶器，制作较为粗糙。大量的随葬品是青铜兵器、马具和动物纹样的装饰品。武器中具有代表性的是管銎啄戈，经过逐渐演化成为沿用时间较长的鹤嘴斧。青铜短剑是北方青铜器中标志性的器型，其形态上究竟是由简到繁、由繁至简还是两者并存，是一个尚待解决的问题。春秋晚期的墓葬中出现了铜柄铁剑这种全新的武器，伴随着铁器工艺的应用，性能优良的铜柄铁剑占据了相当重要的位置。（图 2）在此以后的许多年间这种武器随北方青铜文化迁徙传入西南地区，成为西南青铜器的重要组成部分。

动物纹样的饰品是北方系青铜文化的主要代表，动物牌饰中对鹿、羊整体造型的刻画以及虎噬鹿的构图形式，集中反映了牧人在艺术上的追求。动物题材大多数与今内蒙古地区的所谓鄂尔多斯式青铜器非常一致，但也有一些内容为当地所独有，鹿形牌饰是本地制造专供随葬使用的装饰品[21]。骨角类装饰品、马具则同样是重要的器类，它们所采用的原材料是鹿角[22]，鹿亦是当时这一带的常见动物。这些图像的母题，在公元前 7 世纪左右由南西伯利亚传入我国北方草原，深刻影响了北方青铜文化。由于流动民族对周围环境的改

图 2 1996 年宁夏固原县头营乡出土铜柄铁剑
（采自宁夏固原博物馆编《固原文物精品图录》上册，银川：黄河出版传媒集团、宁夏人民出版社，2011 年，第 149 页）

图 3 固原三营出土的怪兽纹金牌饰

变相对薄弱，他们的居住生活遗迹很少被发现，使我们无法获得这类文化的确切地层关系，即使在科学发掘的墓葬中也几乎没有打破关系，给确定时代带来一定困难。陶器的缺失也限制了对器物群变化的研究，只能选用一些典型青铜器来探讨年代。（图 3）固原的这类墓葬最早可至春秋时期，春秋晚期至战国中期则是这种文化最为发达的时期。活动在旱作农业区的边缘地带，是该文化拥有者的基本特征。

有关宁夏地区北方青铜文化拥有者的族属，有学者结合文献记载做过推测[23]。虽然此类推测在考古学方法上存在着一定缺陷，但仍然获得了一些严谨学者某种程度上的肯定[24]。为了区分宁夏地区的北方系青铜器与内蒙古地区的鄂尔多斯式青铜器，不得不给宁夏的青铜文化进行命名与归类，于是有了黄土高原青铜文化[25]、西戎文化[26]、杨郎类型[27]、马庄类型[28]等名称分类，当然以现有的发现和研究，尚远远不足以搞清这些文化间的差异。

在传统史料中“戎”并不指某个单一民族，而是对北方民族的通称，他们与中原王朝的军事冲突模式最晚在商周时期已经形成。尤其是与西周王朝发生的战争频繁见诸史册。最有名的一次与周幽王时期“烽火戏诸侯”的典故有关，戎人攻破国都镐京，幽王也被杀，周王室被迫迁都洛邑。戎人的分布范围甚广，一些较小的戎人部落与华夏混居，只不过各自有自己所控制的范围，平时应该是和平相处。北方广大地区的戎人，或许在某一特定时期，如战争动员时会组成势力较强的政治联合体，共同对付华夏。不过，当周王朝式微时，中原诸国也会为自己的政治目标牺牲戎人的利益，在有些特定环节中戎人被作为某种工具而进行政治安排。

总之，商周甚至更晚时期的戎人部族被纳入整个王朝的政治版图中，在诸戎与华夏的政治体系里，更多的情况是各自虽然有不同的风俗习惯，但并没有像北方草原帝国强盛时期那样，完全进入一个敌对状态。而上升强大时期的中原王朝统治者则表现出其具有将不同民族联合在同一旗帜下的统治能力，这显然是对统治者政治智慧和能力的巨大挑战。[29]

战国秦汉时期

从战国中晚期开始，宁夏南部的政治经济生活发生重大变化。秦国在与戎人的较量中占得先机，灭了乌氏戎之后便建立了宁夏地区第一个行政建置——乌氏县。考古工作者在彭阳新集红河流域发现了一处大型遗址，时代为战国中晚期至汉代。遗址规模很大，结构复杂，出土遗物很多，很可能与乌氏县有关。秦人的扩张使得部分原来归属于戎人用于畜牧业的草原山地，变成可以种植的田地。尤其像小河湾这样的河谷地带，完全适用农业生产，形成规模颇巨的聚落。相反，河谷平原的山地，并不适合种植农业，会被保留在秦地的戎人部族所利用。这样，在秦国的边境地带形成了一个从政治军事到经济上的过渡地带，长城是这个过渡区域的中心。

图 4 东海子（湫渊）遗址卫星图
（采自罗丰：《秦汉朝那湫渊遗址与万年以来东海子气候变化》，《考古与文物》2020 年第 3 期，第 71 页，图四）

战国晚期以后，宁夏地区文化趋向与中原秦王朝统一的方向发展，已经发掘的数百座汉墓在形制与随葬器方面与中原系统也大体相同。秦王朝时期宁夏地区重要的考古发现有“湫渊”祭祀遗址、回中宫遗址以及瓦亭驿遗址等。朝那湫渊祭祀遗址西北距固原市区 20 千米，东距彭阳古城 10 千米，西距开城城址 7.5 千米，由海子和凉马台两部分组成，总面积约五万平方米，地面堆积有大量秦汉时期的建筑材料遗物，该遗址应与文献记载的朝那湫渊有着密切关联。[30] 东海子是一天然湖泊，很可能北方游牧部族占据该区域后在湖泊周边举行某种祭祀活动。秦人据这一区域后，祭祀的规模扩大、等级提高，被称为“朝那湫渊”。秦统一后，原有各国的山川祭祀均被保留下来，其中秦国原有的祭祀地点地位又获提升，成为由国家主持的重要祭祀地点。后来由于国家祭祀策略的变革，“朝那湫渊”或从国家祀典中被移除，变成一处地方祭祀场所（图 4）。

北朝隋唐时期

固原北朝至隋唐时期考古工作亦是引起国内外学术界广泛关注的重点之一（图 5）。西晋十六国开始，我国西北地区开始出现一种在墓道上开凿长方形天井的做法。北朝时期长墓道、多天井的墓葬开始流行，天井最初是出于工程营造的目的而出现，后来发展成为院落的象征。彭阳新集发现两座北魏早期的墓葬，均为长墓道，有两个天井，其中一号墓第二过洞上有一个简单的房屋模型，第二天井后有一完整的土筑房屋模型，二屋前土筑房屋完全覆盖于封土之下，构成一完整庭院。[31] 封土发掘应受到特别重视的理由被大家充分得到认识。这种长墓道、多天井、洞室墓葬，在北周时期被固定下来，李贤夫妇墓（569 年）有三个天井 [32]，宇文猛墓（565 年）[33]、田弘墓（575 年）[34] 则有五个天井，墓葬全长在

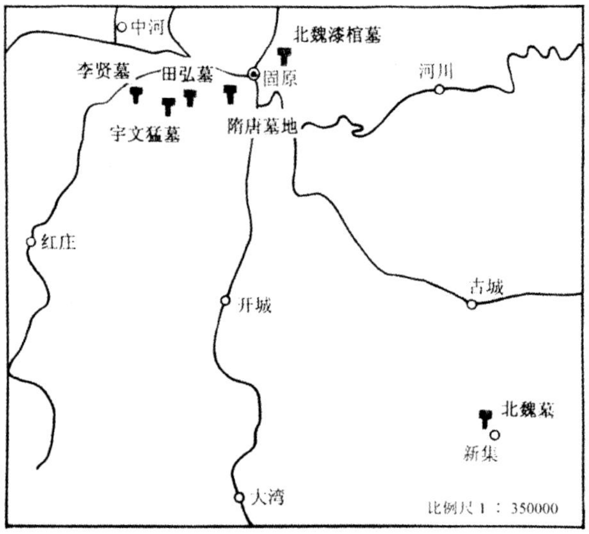

图 5 固原北朝墓葬分布示意图

四五十米以上，是北周贵族最多采用的墓葬形式。这类墓葬一定程度上代表了北朝时期原州地区勋贵阶层丧葬文化的面貌。这些墓葬所拥有的高大的封土，与北魏汉化改革以来，对地面封土的重视有关。彭阳新集墓封土下的房屋模型，是汉代以来流行的祠堂建筑逐渐向封土之下迁移的结果，这类房屋被赋予了新的内涵，进而影响墓葬地下的建筑部分。北周时期开始逐渐在关中地区流行的多天井墓葬，天井的过洞上方用壁画形式绘制单层、多层门楼，如李贤墓第一过洞和甬道上方所绘的门楼图，隋唐时期门楼建筑则成为壁画中的一个重要题材。[35]

就壁画墓发展而言，北朝后期是中国历史上继东汉之后又一个兴盛时代。在 1983 年北周李贤墓发掘之前，学术界对于北周墓室壁画知之甚少。李贤墓墓道绘制执刀侍卫，天井过洞上方绘门楼，墓室中有执鼓乐侍女。田弘墓墓道天井没有壁画，墓室之中有三壁绘侍卫，西壁南侧绘侍从群像，从残留下的足部看有女性，虽然二墓年代接近，绘画风格则表明他们来自不同的工匠集团。这两处壁画的基本构图形式为隋史射勿墓壁画所沿袭，墓道、天井两侧有执刀侍卫，尤以幞头执笏侍宦为初见[36]，在此以后的唐墓中这一形象成为墓室壁画中最常见的人物题材。

固原北魏冯始公夫妇墓（489 年）漆棺画的发现，也堪称北朝时期画迹的最重要发现之一。（图 6）虽其后部损毁，木胎亦朽失不存，但残漆皮经拼接复原，棺盖板、前档及左右侧板部分漆画得以恢复。漆画以红色为底色，以赭色、石青、石绿、黄色等绘制，以彩色或墨线勾描。漆棺人物虽着鲜卑人装束，反映的内容却是中国传统的神仙与孝悌思想，是北魏孝文帝太和改制的实物佐证。[37] 此外，固原北魏漆棺墓中还有佛教元素出现，究其原因，与孝文帝改革所带来的汉化影响有着十分密切的关联。应该说，佛教这一外来宗教所具有的教化意义，更符合当时统治者的政治需要。这一变化反映在墓葬中时，文化交流与交融之感尤甚，也颇见创新之处。大约同时期的云冈石窟中除佛教人物外也用大量的忍冬纹样、莲花纹和联珠纹装饰整个石窟[38]，这些新元素的出现印证了西北地区佛教的盛行。

隋唐时期，随着中西交通的日渐繁荣，以灵州和原州为中心，寓居了鲜卑、铁勒、党项、突厥、吐谷浑、乞伏部、粟特等多种人群，多民族聚集、多种文化交融是这一时期最显著的特点。如同心韦州发现的吐谷浑墓[39]、青铜峡发掘铁勒契苾氏墓[40]、盐池窨子梁发现一处中亚何国人后裔的墓群，墓地形制与中原地区流行形式大为不一：依山坡地势凿岩而成，有单室、双室、多侧室等数种，尸骨的处理也有单葬及多人合葬一室，似有二次葬的痕迹，是一种独特的葬俗。大部分墓葬早年间被盗，出土遗物不多，最引人注目的是 M6 墓石门上各刻有一名中亚形象的胡人男子在跳舞，据认为是隋唐间中亚流传中国的胡旋舞[41]。根据墓葬分布地点来看，宁夏地区隋唐墓葬以中小型墓葬为主，数量从高至低依次为吴忠、固原（原州区、彭阳县两地）、

图 6 固原北魏冯始公夫妇墓前档漆画线图

青铜峡和银川等地。其中，吴忠、青铜峡以及银川地区的隋唐墓葬受地质条件所限，主要以砖室墓为主，普遍距地表较近。固原地区隋唐墓葬则主要以土洞墓为主，砖室墓发现较少。

从墓葬形制角度来看，宁夏地区各地隋唐墓葬的形制差异较为明显，总体可分为三类。第一类整体呈铲形或刀形，以斜坡式或台阶式单室砖墓为主，墓葬规模普遍较小，主要分布于银川、吴忠和青铜峡三地；第二类整体呈铲形或刀形，以长斜坡墓道土洞墓为主，另有少量横宽墓室的“T”字形墓与单室砖墓，中、小型墓葬兼有，主要分布于固原原州区附近的南郊、南塬和九龙山；第三类整体呈“日”字形，为竖井墓道土洞墓，墓室窄小仅能容棺，主要分布于彭阳县海子塬一带。此外，盐池窨子梁所发现的平底石室墓也较有特色，该地 6 座唐墓的形制与随葬品虽然有汉化的特点，但是多人葬于一室、实施天葬等特殊葬俗以及崖墓的营造方式等，域外文化特征更为鲜明，墓主为粟特地区何国人，生活在唐六胡州之一的鲁州。因此，盐池粟特裔墓葬与固原史氏墓葬所代表的民族文化属性，无疑是宁夏地区隋唐时期独特地域文化的缩影与重要考察对象。总结来看，宁夏地区目前重要的隋唐时期墓葬发现有史氏家族墓地[42]、新区南塬墓地[43]、南塬隋唐墓地[44]、九龙山隋唐墓地[45]、海子塬隋唐墓地[46]、吴忠隋唐墓地[47]以及盐池窨子梁唐墓[48]等。

固原南郊史氏墓地则是目前国内唯一一处进行过有计划发掘、整理、研究的大型粟特人家族墓地。墓葬虽多次被盗，但仍出土一些有价值的遗物（图 7）。在已发掘的 9 座隋唐墓葬中 7 座有墓志，据载他们是流寓中国的中亚史国人后裔，维持着聚族而葬的习惯。墓葬虽与典型的隋唐墓葬形无二致，一些特殊遗物却值得注意，每墓均出一枚萨珊银币、东罗马金币或其仿制品、萨珊金币仿制品，口含或握于墓主人手中，是一种独特的葬俗。其人骨经资

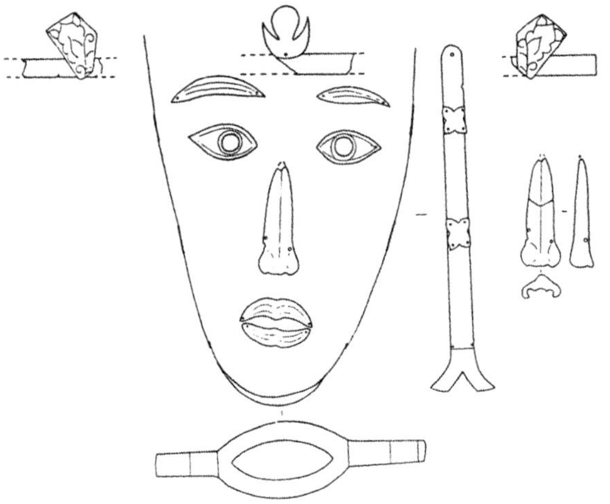

图 7　固原史道德金覆面线图

深体质人类学家鉴定，主要数据与蒙古人种有较大差异，接近于高加索人种的河中类型。

近年来，固原地区九龙山隋唐墓地和南塬隋唐墓地两处公共墓地的墓葬中均发现有中亚两河类型的白种人，有一些还保持有内亚化的葬俗特点，与汉人墓葬相间分布。其中，九龙山 M33 还出土有与史道德墓相类似的金下颌托，再次印证了该地区隋唐时期中外文化交流的频繁和境内多民族“大杂居、小聚居”的特点。

就墓葬发现而言，北朝晚期至隋唐时期发现的由中亚、西亚传入并反映中西文化交流的实物最为引人注目。凸钉装饰玻璃碗，对于确定萨珊王朝类似玻璃制品年代具有标尺性功用[49]。鎏金银瓶腹部打押三组人物内容是希腊神话故事，是一件具有萨珊贵金属工艺风格的巴克特利亚制品[50]。镶宝石的金戒指、银装铁刀[51]、蓝色帕勒维铭文宝石印章[52]，有日、月图案的金覆面[53]，都是由中亚、西亚传入的奢侈品。田弘墓出土五枚东罗马列奥一世（Leo I）、查士丁尼一世（Justinian I）的金币也是当时中国境内发现东罗马金币最多的一次。

宋金元明时期

宁夏宋金时期墓葬有砖室与土洞两种，砖室墓以单个砖雕居多，个别辅以少量彩绘，均采用灰色方、条砖砌筑，大小不等。砖有雕刻、模印与素面三种，根据墓室形制差异可分为砖室墓和土洞墓两类。砖室墓以仿木结构砖雕墓较有特色，如彭阳张湾金代单室墓[54]、泾源宋代双室墓[55]等。墓室平面皆为长方形或方形，壁面镶嵌有人物故事、家居活动、门窗与动植物砖雕等内容，部分砖雕上还施有彩绘。彭阳张湾金墓的鲛人砖雕，在全国属首次发现，是本地居民独有的艺术创造，鲛人有两种，皆游动状，一种上半身为女性形象，下半身为鱼形；另一种人首鱼身。与已发表的宋金墓葬中的人鱼形象差别较大，特征明显，除了装饰功能外，更多的是反映了一种丧葬文化，表达了墓主人死后羽化成仙、游弋于天地之间的一种愿望。[56]墓葬随葬品较少，与陕西、山西、河南等地宋金时期墓葬较为类似，究其原因，除被盗扰外，主要是由于宋金时期丧葬习俗发生过较大变化，随葬实物多借助壁画器物或砖雕器物来代替，纸质明器也远较前代流行。[57]

从整体上看，除地域因素外，宁夏境内宋金墓葬在发展脉络上与同时期中原北方地区基本保持一致。在时代上，宁夏大多数宋墓属于北宋后期或晚期，金墓多属于金代中晚期，其共同特征是仿木结构的壶门、立柱、斗拱、屋檐、山面等齐备，砖雕发达，技艺娴熟。

宁夏宋代城址遗存虽然较为丰富，但是经过考古调查勘探与发掘的相对较少，主要位于今固原市境内，有彭阳城、三十里铺城、西吉火家集、草场城与长城壕等，其中三十里铺城的考古工作较为细致。该城址位于固原市原州区三十里铺村（三队）东南一俗称“城子梁”

的峁坡上，北距固原市区约 15 千米。城址依山而建，坐南朝北，南高北低，平面大致呈“凸”字形，北端地势平缓宽阔，愈南地势渐窄，由城垣、马面、角台、门址以及垣外壕沟等组成。垣体周长约 1410 米，面积近 10 万平方米。[58] 根据探沟试掘情况来看，出土遗物主要集中在宋、元两个时期，即文献中所记“开远堡”[59]。

固原地区元、明两代重要的考古发现包括元代安西王府遗址以及明长城遗址。

元代开城安西王府的记载最早散见于《元史》、地方志及碑刻铭文，1963 年，开城古城址曾出土《重修三门之记》碑，张鸿智等据此对蒙元时期开城政区建置及官制进行了研究[60]，碑文有缺损，首记“元统乙亥蕤宾望日”，即元顺帝元统三年（1355 年 5 月 15 日），碑文内容是为修葺祠庙而立，涉及元代开城职官设置、官制结构等，落款立碑人之一为开城州知州朵儿只。

开城安西王府遗址位于六盘山北段东麓、今宁夏固原市原州区开城镇一带，北距固原市区约 18 千米。经确认整个遗址范围南北长约 3500 米，东西宽约 500—1000 米，核心区面积 2 平方千米，主要包括黑刺沟（窑址区）、北家山（建筑遗址区）、开城村（明代开成县故址）、长虫梁（古城址）、瓦碴梁（建筑遗址区）5 个地点。另外遗址东侧山梁海家沟、贺家湾一带有平民墓葬区。其中，通过对长虫梁城址的发掘，厘清了 1 号基址的形制及其功能。1 号基址夯土台基南部东侧边缘部分南北长 60 米，宽 4 米，台高 0.2—1.2 米，为较纯净黄土夯筑，土质坚硬，与现地表黄灰色腐殖土区别明显，应该是从别处取土搬运所致。从保存情况结合元中都相关遗迹判断，已发掘的夯土边缘应该为下层台基部分，台面宽约 8 米，与残存上层台基高差约 1.2 米。台基边缘东南拐角部向内直角折收形成三次折角结构，东侧直壁部分长 52 米，方向 350°，向西折收 3.3 米，再向南延伸 8 米至台基南壁交接处，南壁发掘部分长 8 米。台基折角向南延伸部分判断应该为前殿月台。夯土台基外侧包砌有砖壁，底部挖设基槽，基槽沿夯土边缘挖设，宽窄深浅不一，南侧基槽最宽处 1.5 米，东侧基槽宽 1.0—1.2 米，基槽深约 0.2—0.3 米，内填灰陶碎砖瓦。台基西向折角处基槽内放置有方形灰白砂岩质土衬石。台基与东侧登台慢道相接处基槽最窄，仅宽 0.7 米。东侧登台慢道紧靠夯土台基东壁设置，破坏严重。夯土台基底部的踩踏面有上下两层，上层踩踏面厚约 0.1 米，表面局部有砂层。这两层踩踏面可能为筑城与修建夯土台基两次修建活动所形成。砖铺地发现四处，台基南侧底部的方砖铺地可确认为台前散水。

整个发掘发现的遗迹现象主要包括夯土台基、台基外侧砖壁及底部基槽、台基东侧登台慢道、台基底部大面积踩踏面及局部砖铺地。从发掘遗迹打破关系分析，施工工序依次为先夯筑台基，然后外侧挖基槽并包砖壁，最后设置登台慢道及用砖石铺设散水地面。整体遗迹结构与布局与元上都，尤其是与元中都大殿“工”字形大殿基址十分类似。出土遗物以建筑材料为主，除造型一致的汉白玉材质螭首以外，遗址大量出土的灰陶砖瓦、红陶琉璃筒、板瓦及瓦当、滴水皆有大中小不同型号，用在不同建筑或不同部位，以区分等级高下。发掘出土的大号板瓦长 60 厘米，拱高 8 厘米，前接滴水宽 30 厘米，高 11 厘米。这些遗物充分彰显了遗址的建筑类别与规模等级[61]。

结语

数十年来，宁夏考古尤其是固原地区的考古工作无疑取得了巨大的进步、做出了有益的贡献。这种进步和贡献并不仅仅限于考古发现本身的众多数量和重要成果，更多在于研究视角的拓展、对考古材料的挖掘深度以及研究方法的更新（尤其是科技手段的广泛运用）等诸多方面。如今，针对人骨的古 DNA、食谱、病理分析等可以精准认知人群来源、亲属关系、饮食偏好以及死亡原因等，这在过去是无从着手的；对墓葬中动植物遗存的分析则使祭祀、殉牲以及埋葬等行为的分析结构愈加微观化、细致化；矿冶、岩相、工艺、成分等问题的溯源分析也有赖于科技考古。此外，手工业考古、城市考古的兴起也促成了考古的情景化研究。可以说，当今的考古学已经远远超出了传统范畴，单纯依赖类型学等传统研究手段已经难以跟上考古学科“科学化”的脚步。以上课题的深入对田野工作的精细化提出了更高的要求，也使得考古队伍的高素质化成为必然，这些新的变化值得我们省思。

注释：

[1] 北京大学考古实习队等：《隆德页河子新石器时代遗址发掘报告》，《考古学研究（三）》，科学出版社，1997 年，第 158-195 页。

[2] 宁夏文物考古研究所等：《宁夏海原菜园遗址发掘简报》，《文物》1988 年第 9 期，第 1-14 页。

[3] 北京大学考古实习队等：《宁夏海原曹洼遗址发掘简报》，《考古》1990 年第 3 期，第 206-209 页。

[4] 宁夏文物考古研究所：《宁夏固原店河齐家文化遗址墓葬清理简报》，《考古》1987 年第 8 期，第 673-677 页。

[5] 宁夏回族自治区展览馆：《宁夏固原海家湾齐家文化墓葬》，《考古》1973 年第 5 期，第 290-291 页。

[6] 李文杰：《宁夏菜园窑洞式建筑遗迹初探》，《中国考古学会第七次年会论文集（1989 年）》，北京：文物出版社，1992 年，第 307-327 页。

[7] 参见张忠培：《齐家文化研究》，《考古学报》1987 年第 1、第 2 期，后收入氏著《中国北方考古文化论集》，北京：文物出版社，1996 年，第 131 页。

[8] 参见罗丰：《二十世纪宁夏考古的回顾与反思》，《宁夏师范学院学报》2002 年第 2 期，第 68-75 页。

[9] 宁夏回族自治区文物考古研究所、隆德县文物管理所：《宁夏隆德周家嘴头遗址仰韶文化陶窑发掘简报》，《中原文物》2022 年第 3 期，第 4-15 页。

[10] 固原县文物工作站：《宁夏固原县西周墓清理简报》，《考古》1983 年第 11 期，第 982-986 页。

[11] Luo, F, *Political and cultural complexity in north-west China during the Western Zhou Period (1045–771 BC): New evidence from Yaoheyuan*（西周时期中国西北地区的政治和文化复杂性：来自姚河塬的新证据），Antiquity, Volume 97, Issue 395, October 2023, pp.1156-1172.

[12] 宁夏回族自治区文物考古研究所、彭阳县文物管理所：《宁夏彭阳县姚河塬遗址铸铜作坊区 2017-2018 年发掘简报》，《考古》2020 年第 10 期，第 30-52 页。

[13] 宁夏回族自治区文物考古研究所、彭阳县文物管理所：《宁夏彭阳县姚河塬西周遗址》，《考古》2021 年第 8 期，第 3-22 页。宁夏回族自治区文物考古研究所等：《宁夏彭阳姚河塬西周墓地Ⅰ区 M4 西周组墓葬发掘报告（上）》，《考古学报》2021 年第 4 期，第 521-551 页。宁夏回族自治区文物考古研究所等：《宁夏彭阳姚河塬西周墓地Ⅰ区 M4、西周组墓葬发掘报告（下）》，《考古学报》2022 年第 1 期，第 43-74 页。宁夏回族自治区文物考古研究所：《宁夏彭阳姚河塬遗址Ⅰ区北墓地西周墓（M42）发掘简报》，《文物》2023 年第 7 期，第 21-43 页。

[14] 参见杜正胜：《欧亚草原动物文饰与中国古代北方民族之考察》，《“中央研究院”历史语言研究所集刊》第六十四本第二分，1993 年，第 231-408 页。乌恩：《我国北方古代动物纹饰》，《考古学报》1981 年第 1 期，第 45-61 页；《论我国北方古代动物纹饰的渊源》，《考古与文物》1984 年第 4 期，第 46-59 页。

[15] 高去寻先生早在20世纪30年代就已经讨论了山西李峪出土的青铜器与斯基泰西伯利亚艺术（Scytho-Siberian Art）之间的关系，指出铜器的纹饰显然受到欧亚草原游牧民族文物影响（参见氏著《李峪出土铜器及其相关之问题》，《“中央研究院”历史语言研究所集刊》，第七十本第四分，1999年，第905-1006页。
[16] 钟侃：《宁夏固原县出土的文物》，《文物》，1978年第12期，第86-88页。
[17] 钟侃等：《宁夏南部春秋时期的青铜文化》，《中国考古学会第四次年会论文集》，文物出版社，1985年，第203-213页；宁夏回族自治区考古队：《宁夏中宁县青铜短剑清理简报》，《考古》1987年第9期，第773-777页；周兴华：《宁夏中卫县狼窝子坑青铜短剑墓群》，《考古》1989年11期，第971-980页；罗丰等：《宁夏固原近年来发现的北方系青铜器》，《考古》1990年第5期，第743-750页。
[18] 宁夏文物考古研究所：《宁夏固原余家庄墓地发掘简报》，《华夏考古》1991年第3期，第55-63页；宁夏文物考古研究所：《宁夏彭堡余家庄墓地》，《考古学报》1995年第1期，第79-160页。
[19] 宁夏文物考古研究所等：《宁夏固原杨郎青铜文化墓地》，《考古学报》1993年第1期，第13-55页。
[20] 史载匈奴“单于朝出营，拜日之始生，夕拜月”，首领自称“天地所生日月所置”，参见《史记》卷110《匈奴列传》，北京：中华书局，1963年，第2892、第2899页。
[21] 三宅俊彦等：《马庄墓地出土の鹿形饰板について》，《草原考古通信》N06，1985年，东京：草原考古研究会，第15-23页。
[22] 小田木治太郎：《いおゆる“中国北方青铜文化”の鹿角制马具》，《天理参考报》1995年第8号，第77-90页。
[23] 罗丰：《固原青铜文化初论》，《考古》1990年第8期，第743-750页。
[24] 林沄：《关于中国对匈奴族源的考古学研究》，《草原文物》1993年第1期，第127页。
[25] 许成等：《东周时期的戎狄青铜文化》，《考古学报》1993年第1期，第1-10页。
[26] 罗丰：《以陇山为中心甘宁地区春秋战国时期北方青铜文化研究》，《内蒙古文物考古》，1993年1、2期，第29-49页。
[27] 许成等：《东周时期的戎狄青铜文化》，第9-10页。
[28] 三宅俊彦：《中国古代北方系青铜器文化の研究》，东京：国学院大学，平成11年（1999），第230-251页。
[29] 参见狄宇宙（Nicola Di Cosmo）：《古代中国与其强邻：东亚历史上游牧力量的兴起》，贺严等中译本，北京：中国社会科学出版社，2010年，第130-134页。
[30] 罗丰：《秦汉朝那湫渊遗址与万年以来东海子气候变迁》，《考古与文物》2020年第3期，第66页。
[31] 宁夏固原博物馆：《彭阳新集北魏墓》，《文物》1988年第9期，第26-42页。
[32] 宁夏回族自治区博物馆等：《宁夏周原北周李贤夫妇墓发掘简报》，《文物》1985年第1期，第1-20页。
[33] 宁夏文物考古研究所固原工作站：《固原北周宇文猛墓发掘简报》，《宁夏考古文集》，银川：宁夏人民出版社，1996年，第134-147页。
[34] 原州联合考古队编：《北周田弘墓》，东京：勉诚出版，2000年，第33-34、56页。
[35] 罗丰：《从山陵为贵到不封不树——北朝墓葬封土的转变》，荣新江主编《唐研究》第20卷，北京：北京大学出版社，2014年，第33-62页。
[36] 宁夏考古研究所等：《宁夏固原隋史射勿墓发掘简报》，《文物》1992年第10期，第22页。
[37] 宁夏固原博物馆：《固原北魏墓漆棺画》，银川：宁夏人民出版社，1988年，第1-21页。
[38] 宿白：《平城实力的集聚和“云冈模式”的形成与发展》，收入氏著《中国石窟寺研究》，北京：文物出版社，1996年，第121页。
[39] 钟侃：《唐代慕容威墓志浅释》，《考古与文物》1983年第2期，第32-35页。
[40] 宁夏文物考古研究所等：《青铜峡市邵岗唐墓发掘简报》，《宁夏考古文集》，银川：宁夏人民出版社，1996年，第148-156页。
[41] 宁夏回族自治区博物馆：《宁夏盐池唐墓发掘简报》，《文物》1988年第9期，第43-56页。
[42] 罗丰：《固原南郊隋唐墓地》，北京：文物出版社，1996年。
[43] 宁夏文物考古研究所：《固原新区南塬墓地发掘报告》，北京：文物出版社，2021年，第24-28页。
[44] 宁夏文物考古研究所：《固原南塬汉唐墓地》，北京：文物出版社，2009年。
[45] 宁夏文物考古研究所：《固原九龙山汉唐墓葬》，北京：文物出版社，2012年。
[46] 宁夏文物考古研究所、彭阳县文物管理所：《彭阳海子塬墓地发掘报告》，上海：上海古籍出版社，2013年。

[47] 宁夏文物考古研究所、吴忠市文物管理所:《吴忠西郊唐墓》,北京:文物出版社,2006年;宁夏文物考古研究所、吴忠市文物管理所:《吴忠北郊北魏唐墓》,北京:文物出版社,2009年。
[48] 宁夏回族自治区博物馆:《宁夏盐池唐墓发掘简报》,《文物》1988年第9期,第43-56页。
[49] 安家瑶:《北周李贤墓出土的玻璃碗——萨珊玻璃的发现与研究》,《考古》1980年第2期,第173-181页。
[50] 罗丰:《北周李贤墓出土的中亚风格的鎏金银瓶》,《考古学报》2000年第3期,第311-330页。
[51] 杨泓:《略论北周李贤墓的陶俑和铁刀》,《宁夏文物》1989年总3期,10-16页。
[52] 罗丰:《固原南郊隋唐墓地》,北京:文物出版社,1996年,第240-247页。
[53] 罗丰:《固原南郊隋唐墓地》,第103-105页。
[54] 宁夏文物考古研究所、彭阳县文物管理所:《宁夏彭阳县张湾金代夫妻合葬砖雕墓发掘简报》,《北方文物》2020年第2期,第18-28页。
[55] 宁夏博物馆考古组:《宁夏泾源宋墓出土一批精美雕砖》,《文物》1981年第3期,第64-67页。
[56] 郭明明:《宁夏彭阳宋墓所见人鱼形象分析》,《西部考古》2017年第3期,第299-308页。
[57] 宿白:《白沙宋墓》,北京:生活·读书·新知三联书店,2017年,第119页。
[58] 余军:《固原三十里铺古城址考古勘探纪要(上)》,《宁夏史志》2007年第2期。
[59]《宋史》卷87《地理三》"秦凤路"条,北京:中华书局,1985年,第2158页。
[60] 张鸿智、韩孔乐:《元代开城政区建置及官制》,《固原师专学报》1991年第2期。
[61] 马天行、王仁芳:《宁夏开城安西王府遗址长虫梁城址Ⅰ号基址发掘获重要发现》,《中国文物报》2017年7月28日,第8版;王仁芳、马天行:《开城安西王府考古发现与研究》,《西夏研究》2017年第3期。

Tales Told by the Liupan Mountains: A Brief Archaeological Overview of the Guyuan Region in Ningxia

Luo Feng

Abstract:

Over the past decades, archaeological discoveries in the Guyuan region have unveiled the cultural evolution of the place from the Neolithic period to the Song, Yuan, and Ming dynasties. During the Neolithic era, following the Shilingxia and Majiayao types, a distinct regional cultural type, known as the Caiyuan type, emerged in southern Ningxia. The recent discovery of the Yaoheyuan site in Xinji Township, Pengyang County further substantiates the significant expansion of the Western Zhou dynasty towards the northwest. After the late Warring States period, the culture of the Guyuan region developed in unison with that of the Central Plains dynasties. Notably, artifacts unearthed from late Northern Dynasties to Sui and Tang tombs, reflecting Sino-Western cultural exchanges, have garnered attention. The artifacts excavated from the cemetery of the Shi family, Sogdian immigrants into China, highlight the region's cultural diversity and prosperity. Tombs from the Song and Jin periods exhibit a developmental trajectory largely consistent with that of the contemporary tombs in the northern Central Plains. Significant archaeological finds from the Yuan and Ming dynasties include the ruins of the Mansion of the Prince of Anxi ("Pacifying the West") of the Yuan and the ruins of the Great Wall of the Ming. Recent technology-driven advancements have broadened the research horizons of Guyuan archaeology. The rich and diverse artifacts unearthed in the region vividly illustrate the multifaceted cultural integration that occurred in Guyuan across various historical periods.

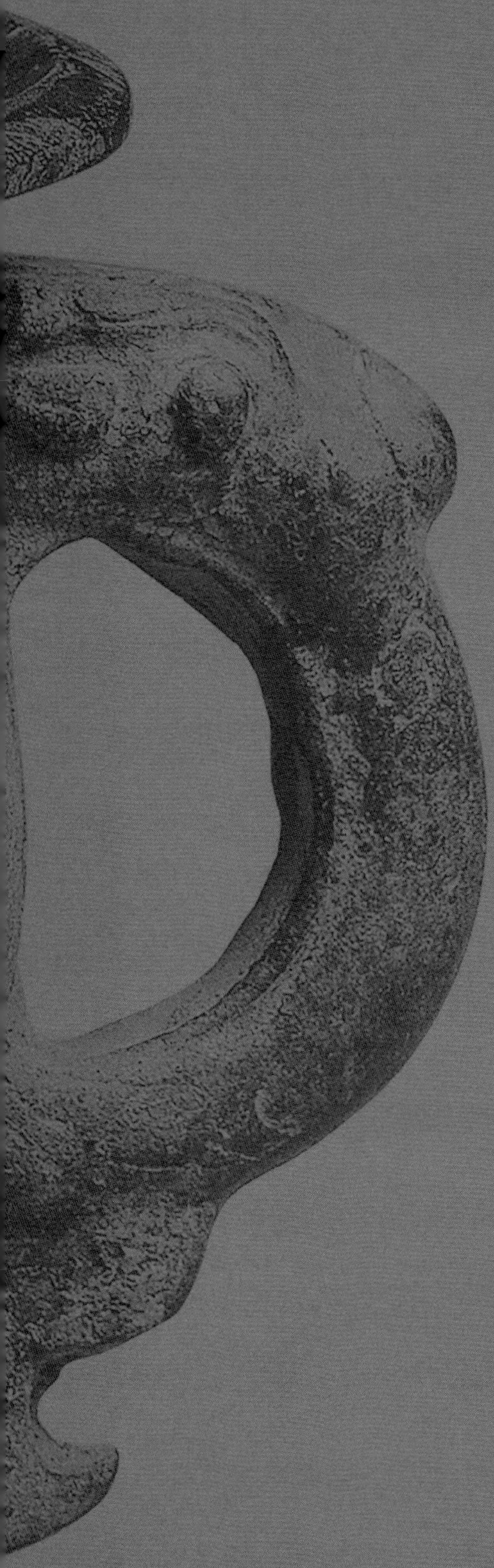

铸礼大原

Casting Ritual Vessels on the Great Plain

西周时期，固原是周王朝的战略要地，史称“大原”。作为周王朝势力范围所至的西北之地，中原礼制在此落地生根。孙家庄西周墓地出土的青铜鼎、簋等器物，证实固原深受西周早期政治文化的浸润。入选“2017 年度全国十大考古新发现”的姚河塬西周遗址，是西周最西北封国的都邑城址，周王朝的礼乐制度在此地得到充分发展。

春秋至秦汉时期，作为西北边防重镇，中原文化在此地不断深化发展，同时融合了以动物纹饰牌、青铜短剑为代表的北方系青铜文化，使该区域呈现出多元文化蓬勃发展的面貌。

Guyuan, historically known as Dayuan (“Great Plain”), was a strategic stronghold of the Western Zhou kingdom. As a frontier region in the northwest of the kingdom’s sphere of influence, it absorbed the ritual system of the Central Plains. The discovery of bronze vessels such as *ding* (“food vessels”) and *gui* (“food vessels”) from the Western Zhou cemetery at Sunjiazhuang (“Village of the Sun Family”) attests to the deep influence of political and cultural practices of the early Western Zhou on Guyuan. Yaoheyuan (“Highland by the Yao River”), selected as one of the 2017 Top Ten Archaeological Discoveries in China, is the site of the capital city of the vassal state on the northwestern tip of the Western Zhou kingdom. Here, the Zhou dynasty’s ritual and musical systems were fully developed and practiced.

From the Spring and Autumn period to the Qin and Han dynasties, Guyuan served as a key military outpost in the northwest, where the evolving Central Plains culture interacted with the bronze culture from the north, which is characterized by animal-patterned plaques, short swords, and horse gear. Such fusion led to cultural diversity and prosperity in the region.

礼乐立序

固原地区出土以铜簋、玉琮等为代表的早期礼器，以丰富的器物类型展现了礼乐文明在该地的发展进程。

西周时期，已建立起涵盖政治、军事、生活的一套完整的礼制体系。车马制度是其重要组成部分。据《周礼》记载，周代设有专门掌管王室车辆的职官“巾车”，来管理重大事项的车马使用礼仪，对车辆上的旗帜、装饰以及丧葬用车配置都有明确规定。装配在车、马身上的各种精美车马器，彰显了使用者的身份地位。

此外，固原地区出土大量中原形制的兵器，亦是中原文化在此地不断发展的体现。

Establishing Order through Ritual and Music

A wide variety of early ritual objects have been unearthed in Guyuan, including oracle bones, bronze *gui*, and jade *cong* (“tubes”), which reflect the evolution of ritual and musical civilization in the region.

By the Western Zhou, the ritual system had matured into a comprehensive framework encompassing politics, military affairs, and daily life. A particular emphasis was placed on the use of chariots and horses. According to *The Rites of Zhou*, a specific official known as *jinche* (“protector of vehicles”) was in charge of royal chariots, overseeing their use in major ceremonial events. The text details regulations regarding flags and ornaments of chariots and their configuration at funerals. The exquisitely crafted fittings for chariots and horses symbolize the social status and identity of their owners.

Moreover, a large number of weapons modeled after Central Plains prototypes have been unearthed in Guyuan, further illustrating the sustained influence and development of Central Plains culture in the region.

1 偏口彩陶壶

Painted Pottery Pot with an Offset Mouth

马家窑文化（约公元前 3300 年—前 2050 年）
1980 年宁夏固原县中河乡高坡村出土
高 25.0 厘米，口径 8.0 厘米，腹径 27.0 厘米，底径 10.0 厘米
宁夏固原博物馆藏

Majiayao Culture (ca. 3300–2050 BCE)
Unearthed from Gaopo Village, Zhonghe Township, Guyuan County, Ningxia in 1980
Height 25.0 cm, diameter of mouth 8.0 cm, diameter of belly 27.0 cm, diameter of base 10.0 cm
The Guyuan Museum of Ningxia

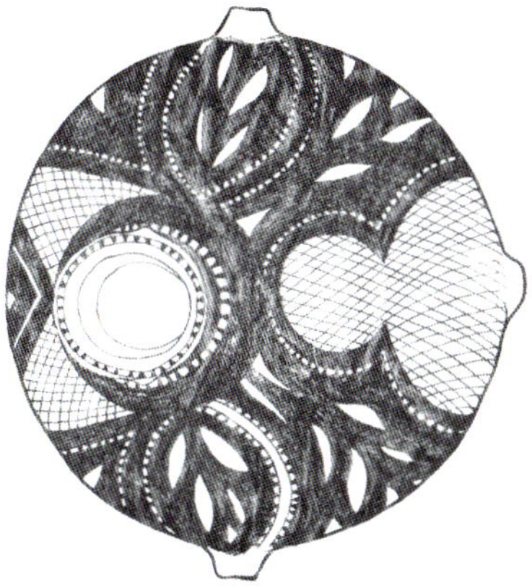

泥质红陶，胎质薄而细。偏侈口外卷，圆唇，与口相对的一侧饰一把手。扁鼓腹，腹中部两侧饰有对称桥形耳。器身饰黑彩，口沿内侧饰一周黑彩纹和锯齿状纹，颈部饰两周锯齿纹，正面肩、腹部饰两个三角形网纹，左右两侧饰近似圆形的树叶图案，内饰柳叶纹，树叶图案两边有豆荚纹，后肩、腹部饰有葫芦网纹。

2 双耳彩陶罐

Double-handled Painted Pottery Jar

齐家文化（约公元前 2200 年—前 1600 年）
2013 年宁夏彭阳县打石沟遗址出土
高 7.0 厘米，口径 7.4 厘米
彭阳县博物馆藏

Qijia Culture (ca. 2200–1600 BCE)
Unearthed from the Dashigou Site, Pengyang County, Ningxia in 2013
Height 7.0 cm, diameter of mouth 7.4 cm
Pengyang County Museum, Guyuan, Ningxia

细泥红陶。侈口束颈，溜肩，折腹，平底。颈部置对称双耳。口沿至腹部饰黑彩，口、颈、肩部饰四周宽带纹，颈部和肩部之间饰竖条纹，肩部和腹部之间饰方块纹，下腹素面。

3 玉琮

Jade *Cong* (“tube”)

仰韶文化晚期（约公元前 3600 年—前 3000 年）
1986 年宁夏隆德县沙塘乡页河子遗址出土
高 19.7 厘米，口径 6.4 厘米
宁夏固原博物馆藏

Late Yangshao Culture (ca. 3600–3000 BCE)
Unearthed from the Yehezi Site, Shatang Township, Longde County, Ningxia in 1986
Height 19.7 cm, diameter of mouth 6.4 cm
The Guyuan Museum of Ningxia

通体呈白色，局部形成绿色带。内圆外方形，对穿圆孔。磨制精细、光滑。

4 玉琮

Jade *Cong* (“tube”)

齐家文化（约公元前 2200 年—前 1600 年）
2013 年宁夏彭阳县打石沟遗址出土
高 7.5 厘米，口径 8.4 厘米
彭阳县博物馆藏

Qijia Culture (ca. 2200–1600 BCE)
Unearthed from the Dashigou Site, Pengyang County, Ningxia in 2013
Height 7.5 cm, diameter of mouth 8.4 cm
Pengyang County Museum, Guyuan, Ningxia

青黄玉质，泛浅褐色，较细腻，素面，半透明，表面局部有碱壳附着。通体呈正方体，内圆外方，对穿圆孔；两端出短射，射口呈圆形，四面整齐直削，切割规整，抛光精细。

5 四璜联璧

Jade *Bi* (“disc”) Assembled with Four *Huang* (“arcs”)

齐家文化（约公元前 2200 年—前 1600 年）
1986 年宁夏彭阳县白阳镇周沟村出土
外径 20.1 厘米，孔径 7.9 厘米
彭阳县博物馆藏

Qijia Culture (ca. 2200–1600 BCE)
Unearthed from Zhougou Village, Baiyang Town, Pengyang County, Ningxia in 1986
Outer diameter 20.1 cm, diameter of hole 7.9 cm
Pengyang County Museum, Guyuan, Ningxia

青灰外糖色玉质，半透明，素面，布有藻丝沉积结构纹，两面抛光，有光泽。由四件玉璜组成，每件玉璜两端穿孔，一端为一孔，另一端为两孔。

6 卜骨

Oracle Bone

齐家文化（约公元前 2200 年—前 1600 年）
1986 年宁夏隆德县沙塘乡页河子遗址出土
长 25.0 厘米，宽 10.0 厘米
宁夏固原博物馆藏

Qijia Culture (ca. 2200–1600 BCE)
Unearthed from the Yehezi Site, Shatang Township, Longde County, Ningxia in 1986
Length 25.0 cm, width 10.0 cm
The Guyuan Museum of Ningxia

由动物肩胛骨制作而成，上有钻孔以及占卜烧痕，现残缺。

7 铜簋

Bronze *Gui* ("food vessel")

西周（约公元前 11 世纪—前 771 年）
1981 年宁夏固原县中河乡孙家庄出土
高 13.5 厘米，口径 19.7 厘米
宁夏固原博物馆藏

Western Zhou (ca. 11th century–771 BCE)
Unearthed from Sunjiazhuang, Zhonghe Township, Guyuan County, Ningxia in 1981
Height 13.5 cm, diameter of mouth 19.7 cm
The Guyuan Museum of Ningxia

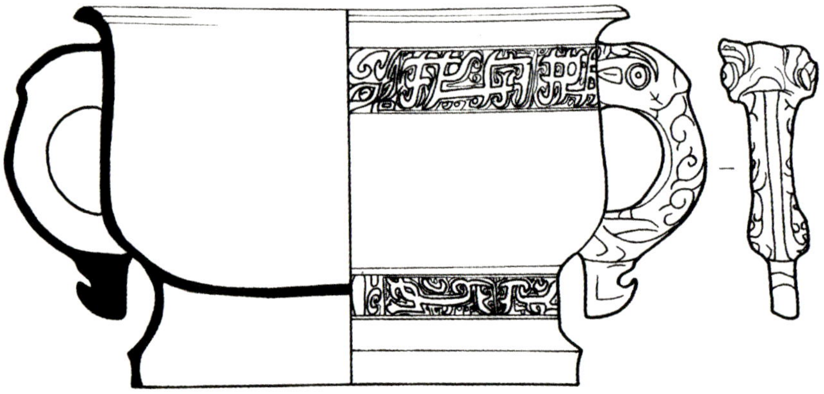

青铜质。侈口，窄沿外卷，鼓腹，圈足。腹部两侧附半圆兽形耳，其下有珥，颈部云雷纹底上饰带状兽面纹一周，足饰带状夔纹一周。

8 骨叉

Bone Fork

仰韶文化晚期（约公元前 3600 年—前 3000 年）
1986 年宁夏隆德县沙塘乡页河子遗址出土
长 18.0 厘米，宽 2.0 厘米
宁夏固原博物馆藏

Late Yangshao Culture (ca. 3600–3000 BCE)
Unearthed from the Yehezi Site, Shatang Township, Longde County, Ningxia in 1986
Length 18.0 cm, width 2.0 cm
The Guyuan Museum of Ningxia

叉端三齿，细长柄，柄端为桃形。磨制光滑、精细，应属发髻饰物或梳子的雏形。

车

先秦时代，马车的用途涵盖礼仪、作战、出行等各个方面。西周时期，车马制度是礼制的重要组成部分，规定了不同等级贵族用车的种类、装饰、数量。在诸侯贵族的墓葬中往往有殉葬车马，其数量与规模也反映出墓主的等级与地位。

车马器是配置在车身与马体上的器物，不仅用于加固马车、驾驭马匹，更具有礼仪与装饰性质。銮铃是饰于西周贵族车衡的轭首上的铜铃，《诗·大雅·烝民》载：“四牡彭彭，八鸾锵锵。”姚河塬西周遗址出土马车与轭、銮铃、軎等车饰配件，直接表明了墓主的贵族身份，实证了该地属于周王朝的势力范围。出土车马器多以兽面纹装饰，是使用者等级与身份的体现。马具主要包括御马器和马饰件，固原地区出土的精雕细刻的骨制马具尤其体现了北方草原的艺术装饰特征。

9 羊首形铜车辕饰

Goat-head-shaped Bronze Ornament for a Chariot Shaft

春秋战国（公元前 770 年—前 221 年）
1989 年宁夏固原县杨郎乡马庄村出土
长 12.2 厘米
宁夏固原博物馆藏

Spring and Autumn and Warring States periods (770–221 BCE)
Unearthed from Mazhuang Village, Yanglang Township, Guyuan County, Ningxia in 1989
Length 12.2 cm
The Guyuan Museum of Ningxia

前端为羊首形，双角盘卷于两侧，颈延为銎。尾端两侧各有一个钉孔，底部开长 7.0 厘米、宽 3.8 厘米的长方形孔。

10 铜銮铃

Bronze Bells on Royal Chariots

西周（约公元前 11 世纪—前 771 年）
1981 年宁夏固原县中河乡孙家庄出土
高 15.5 厘米，宽 8.0 厘米；高 20.5 厘米，宽 11.5 厘米
宁夏固原博物馆藏

Western Zhou (ca. 11th century–771 BCE)
Unearthed from Sunjiazhuang, Zhonghe Township, Guyuan County, Ningxia in 1981
Height 15.5 cm, width 8.0 cm; height 20.5 cm, width 11.5 cm
The Guyuan Museum of Ningxia

青铜质。铃身扁圆，一面各有多个三角形辐射状镂空，中有小圆孔，内有球形弹丸，裂边有多个大小不同的镂空。下端为长方形銎座，上窄下宽，两侧有脊，銎座尾端左右侧有对穿孔。

11 兽面纹铜车轴饰

Ornament of a Bronze Chariot Axle with the Animal-face Pattern

西周（约公元前 11 世纪—前 771 年）
1981 年宁夏固原县中河乡孙家庄出土
长 20.3 厘米，箍长 10.3 厘米、宽径 10.0 厘米，板长 10.0 厘米、宽 8.5 厘米
宁夏固原博物馆藏

Western Zhou (ca. 11th century–771 BCE)
Unearthed from Sunjiazhuang, Zhonghe Township, Guyuan County, Ningxia in 1981
Length 20.3 cm, length of hoop 10.3 cm, greater diameter 10.0 cm;
length of plate 10.0 cm, width of plate 8.5 cm
The Guyuan Museum of Ningxia

青铜质。在椭圆筒形箍的一端，连以长方形板。箍的一周与板的正面均饰有兽面纹，箍中部有对称的方形穿孔。

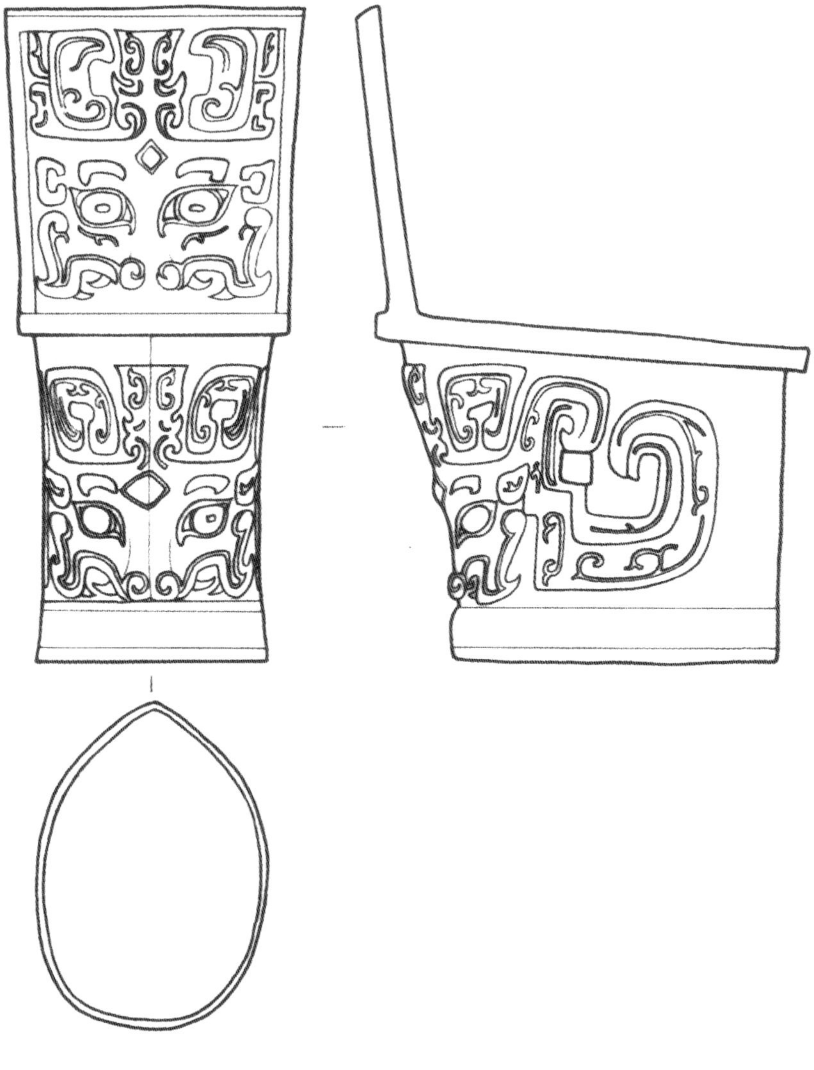

12 兽面纹铜车軎、兽首纹铜车辖

Bronze Chariot Axle Cap with the Animal-face Pattern and Bronze Chariot Linchpin with the Animal-head Pattern

西周（约公元前 11 世纪—前 771 年）
1981 年宁夏固原县中河乡孙家庄出土
长 16.8 厘米，近毂端径 5.3 厘米，顶端径 4.2 厘米
宁夏固原博物馆藏

Western Zhou (ca. 11th century–771 BCE)
Unearthed from Sunjiazhuang, Zhonghe Township, Guyuan County, Ningxia in 1981
Length 16.8 cm, diameter of end close to wheel hub 5.3 cm, diameter of tip 4.2 cm
The Guyuan Museum of Ningxia

青铜质。軎为圆筒状，中空。前顶略鼓，器身两面饰有兽面纹，后端有一长方形辖孔，上有车辖插入其中。辖为长方形，一端为兽首，兽面两侧有对穿小圆孔。

13 错银铜车舆饰

Silver-inlaid Bronze Ornaments of a Chariot Compartment

战国（公元前 475 年—前 221 年）
2010 年宁夏彭阳县冯庄乡小园子村出土
长 10.0 厘米，宽 3.5 厘米；长 9.4 厘米，宽 3.1 厘米
彭阳县博物馆藏

Warring States period (475–221 BCE)
Unearthed from Xiaoyuanzi Village, Fengzhuang Township, Pengyang County, Ningxia in 2010
Length 10.0 cm, width 3.5 cm; length 9.4 cm, width 3.1 cm
Pengyang County Museum, Guyuan, Ningxia

正面呈长方形，通体错银，残留部分红色物质，一件侧面呈梯形，背面有三处弓形钮；另一件背面有两处弓形钮。

14 鸟纹铜当卢

Bronze *Danglu* ("bridle frontlet") with the Bird Pattern

春秋战国（公元前 770 年—前 221 年）
长 13.5 厘米，宽 7.0 厘米
宁夏固原博物馆藏

Spring and Autumn and Warring States periods (770–221 BCE)
Length 13.5 cm, width 7.0 cm
The Guyuan Museum of Ningxia

青铜质，长条形状，上半部为一圆形鸟首，三角形鸟喙突出，下半部为一拱形铜板。当卢为马面额前的饰件，位于马头颅正中，背有一穿，以皮条系连在马络头上。

15 云纹铜当卢

Bronze *Danglu* ("bridle frontlet") with the Cloud Pattern

春秋战国（公元前 770 年—前 221 年）
1989 年宁夏固原县杨郎乡马庄村出土
长 8.5 厘米，宽 4.2 厘米
宁夏固原博物馆藏

Spring and Autumn and Warring States periods (770–221 BCE)
Unearthed from Mazhuang Village, Yanglang Township, Guyuan County, Ningxia in 1989
Length 8.5 cm, width 4.2 cm
The Guyuan Museum of Ningxia

整体呈叶状。正面鼓起，圆形缨帽。叶边饰一周变形云纹。

16 兽面纹铜节约

Bronze *Jieyue* ("bridle junction piece") with the Animal-face Pattern

春秋战国（公元前 770 年—前 221 年）
长 3.8 厘米
宁夏固原博物馆藏

Spring and Autumn and Warring States periods (770–221 BCE)
Length 3.8 cm
The Guyuan Museum of Ningxia

青铜质，形状为一四面对穿铜管，正面饰兽面纹，背面有一孔。

17 骨节约

Bone *Jieyue* ("bridle junction piece")

春秋战国（公元前 770 年—前 221 年）
1987 年宁夏固原县彭堡乡于家庄出土
长 5.0 厘米，宽 4.0 厘米，高 2.0 厘米
宁夏固原博物馆藏

Spring and Autumn and Warring States periods (770–221 BCE)
Unearthed from Yujiazhuang, Pengbu Township, Guyuan County, Ningxia in 1987
Length 5.0 cm, width 4.0 cm, height 2.0 cm
The Guyuan Museum of Ningxia

用动物肢骨切割、磨制而成。大体呈圆形，上方略鼓，下方扁平。骨质节约的出现与当地高度发达的畜牧业以及游牧文化密切相关。

18 兽首纹铜戈

Bronze Dagger-Axe with the Animal-head Pattern

西周（约公元前 11 世纪—前 771 年）
1981 年宁夏固原县中河乡孙家庄出土
通长 23.0 厘米，内长 4.7 厘米、宽 2.7 厘米，
援长 17.0 厘米、宽 3.1 厘米，胡长 7.0 厘米
宁夏固原博物馆藏

Western Zhou (ca. 11th century–771 BCE)
Unearthed from Sunjiazhuang, Zhonghe Township, Guyuan County, Ningxia in 1981
Overall length 23.0 cm, length of *na* ("tang") 4.7 cm, width of *na* 2.7 cm; length of *yuan* ("straight blade") 17.0 cm, width of *yuan* 3.1 cm; length of *hu* ("curved blade") 7.0 cm
The Guyuan Museum of Ningxia

青铜质。援部宽于内部，中起脊，中胡一穿，阑部低长，内部稍短，周边有凹槽，下有缺口，内角上钝下锐。在援基的正背面各铸一兽头。

19 铜戟

Bronze Halberd

西周（约公元前 11 世纪—前 771 年）
1981 年宁夏固原县中河乡孙家庄出土
援、内长 16.5 厘米，刺、胡长 24.7 厘米
宁夏固原博物馆藏

Western Zhou (ca. 11th century–771 BCE)
Unearthed from Sunjiazhuang, Zhonghe Township, Guyuan County, Ningxia in 1981
Length of *yuan* ("straight blade") and *na* ("tang") 16.5 cm,
length of *ci* ("spear point") and *hu* ("curved blade") 24.7 cm
The Guyuan Museum of Ningxia

青铜质。直刺，直援，方内，长胡三穿，援身起脊，援基一穿，援与刺的刃部锋利。

20 “晋上容大夫”铜戈

Bronze Dagger-Axe Inscribed with Characters *Jin Shangrong Dafu* (“senior official of Shangrong, Jin”)

春秋战国（公元前 770 年—前 221 年）
1983 年宁夏彭阳县红河乡野王村窨子沟出土
通长 21.0 厘米，援长 13.0 厘米、宽 2.5 厘米，内长 8.0 厘米、宽 3.5 厘米
宁夏固原博物馆藏

Spring and Autumn and Warring States periods (770–221 BCE)
Unearthed from Yinzigou, Yewang Village, Honghe Township, Pengyang County, Ningxia in 1983
Overall length 21.0 cm, length of *yuan* (“straight blade”) 13.0 cm,
width of *yuan* approx. 2.5 cm, length of *na* (“tang”) 8.0 cm, width of *na* 3.5 cm
The Guyuan Museum of Ningxia

援中部起脊，断面呈菱形。内上有一桃形孔及透雕纹饰，图案结构极为少见。长胡三穿，上穿为半圆形，其下两穿为长方形，援与胡近刃处凹刻一条带纹。胡部从上至下阴刻铭文为“廿七年，晋上容大夫”。

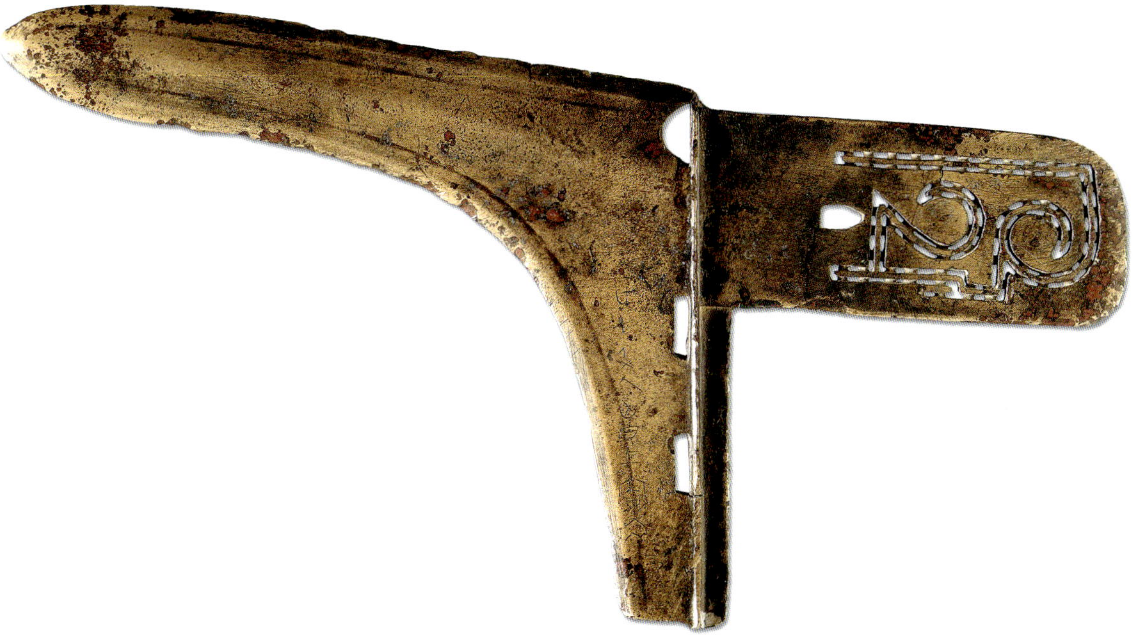

21 铜戈

Bronze Dagger-Axe

春秋战国（公元前 770 年—前 221 年）
1987 年宁夏固原县彭堡乡撒门村出土
援长 11.1 厘米，胡长 9.0 厘米，内长 7.7 厘米、宽 3.5 厘米
宁夏固原博物馆藏

Spring and Autumn and Warring States periods (770–221 BCE)
Unearthed from Samen Village, Pengbu Township, Guyuan County, Ningxia in 1987
Length of *yuan* ("straight blade") 11.1 cm, length of *hu* ("curved blade") 9.0 cm;
length of *na* ("tang") 7.7 cm, width of *na* 3.5 cm
The Guyuan Museum of Ningxia

援平直，前锋呈弧形，三面刃。胡上三穿孔，阑长出胡端。内长方形，内上一穿孔。

22 铜锛

Bronze Adze

春秋战国（公元前 770 年—前 221 年）
1989 年宁夏彭阳县孟塬村出土
长 9.3 厘米，刃宽 4.5 厘米
宁夏固原博物馆藏

Spring and Autumn and Warring States periods (770–221 BCE)
Unearthed from Mengyuan Village, Pengyang County, Ningxia in 1989
Length 9.3 cm, width of blade 4.5 cm
The Guyuan Museum of Ningxia

整器呈长方形，侧为三角形，刃部锋利，近似弧形。器身中部有一圆形孔。

塞上风来

春秋战国时期，固原地区以中原文化为底色，融合北方草原艺术风格，形成了独具特色的区域文化。这一时期，北方草原地区的人们偏爱以动物纹样装饰日常生活中的器物。他们以草原动物形象为题材，采用金、银、铜等材质创作出造型多样的饰件，其图案生动、做工精细，显示出高超的艺术水平。固原出土的各类动物纹饰牌、带钩、青铜短剑等器物，是对北方草原艺术风格的吸收，也体现出多元文化交融创新的特质。

得益于固原当地发达的畜牧业，各类精美的骨制品层出不穷，主要有车马器、日用器和装饰品等，凸显出固原地区作为草原文化与农耕文明交汇地带的区域特色。

Wind from the Frontier

During the Spring and Autumn and Warring States periods, the bronze culture of Guyuan, rooted in the Central Plains traditions while absorbing the artistic styles of the northern steppes, formed its unique characteristics. At the time, the northerners favored decorating everyday objects with animal motifs. They crafted a variety of gold, silver, and bronze ornaments that feature steppe animals. These pieces are notable for their vivid imagery and exquisite craftsmanship, demonstrating brilliant artistry. Artifacts unearthed in Guyuan, such as animal-patterned plaques, belt hooks, and short bronze swords, reflect both the artistic influence from the northern steppes and their own innovation through cultural fusion.

Additionally, thriving animal husbandry in the region bred a wide array of finely crafted bone artifacts, including fittings for chariots and horses, daily utensils, and decorative items. These objects highlight Guyuan's role as a melting pot where grassland culture blended with agrarian civilization.

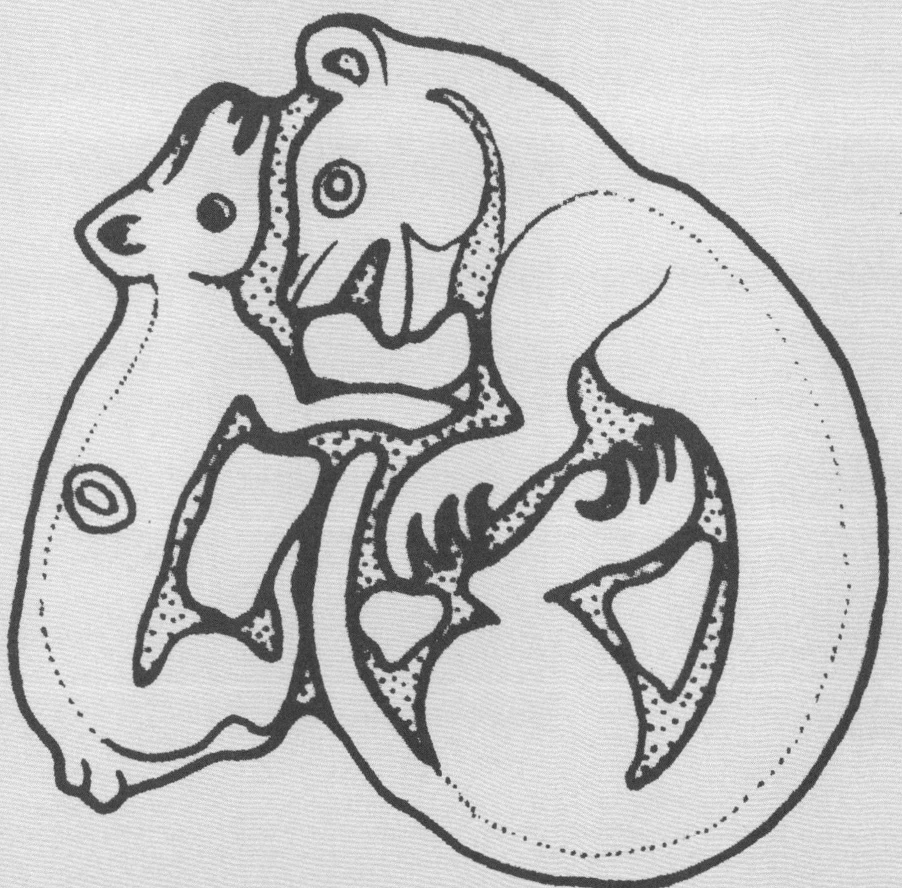

动物艺术

北方草原地区的生活环境，使居民对动物的生活习性及外在形态特别熟悉，他们常以动物形象作为艺术表现题材，将其装饰于服饰及日常使用的器物上，体现出他们源于自然且富有张力的艺术表达。固原作为中原文化与草原文化的交汇区，春秋战国时期，装饰有动物纹的金属饰件在该地区得到普遍使用。饰件类型主要有扣饰、带饰、杆头饰及各种饰牌等。扣饰、带饰及饰牌主要以浮雕、透雕的形式呈现，而杆头饰则多呈圆雕形式。饰件上的动物纹样以单体动物或动物间搏斗场景为主，这都是草原地区现实生活的反映。在表现动物形态时，单体动物多采用夸大局部特征的艺术化处理；多个动物搏斗场景，主要表现噬咬瞬间的张力；另外，动物的身体常作动态扭转，或蜷曲成团状，或后肢翻转上扬。这些动物纹饰件充分展现出草原艺术贴近自然又充满创造力的艺术特色。

23 动物噬咬纹金扣饰

Gold Buckle Ornament with the Animal-biting Pattern

春秋战国（公元前 770 年—前 221 年）
1981 年宁夏固原县头营乡坪乐村出土
径 3.1 厘米，厚 1.2 厘米
宁夏固原博物馆藏

Spring and Autumn and Warring States periods (770–221 BCE)
Unearthed from Pingle Village, Touying Township, Guyuan County, Ningxia in 1981
Diameter 3.1 cm, thickness 1.2 cm
The Guyuan Museum of Ningxia

整体呈圆形。主体纹似为二虎二鹿，构成两组相同的虎、鹿盘曲噬斗图案。两虎分别噬住两鹿颈部。两鹿双眼圆睁，后肢搭于虎背之上，作挣扎状。背面有一钮。

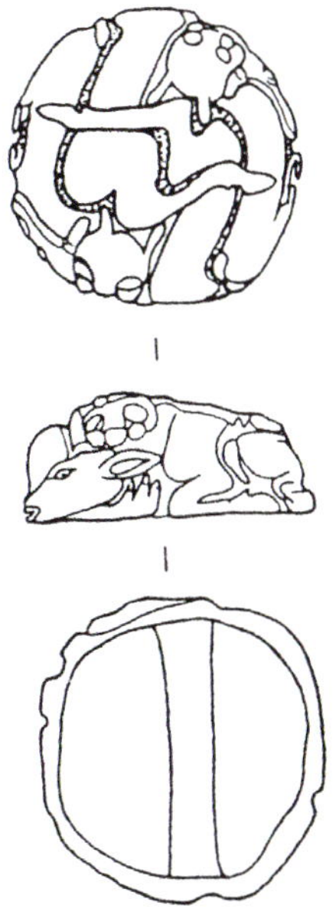

24 虎噬兽金饰

Tiger-biting-animal-shaped Gold Ornaments

战国（公元前 475 年—前 221 年）
长 6.5 厘米，宽 4.5 厘米
宁夏固原博物馆藏

Warring States period (475–221 BCE)
Length 6.5 cm, width 4.5 cm
The Guyuan Museum of Ningxia

薄金片模压而成。略呈长方形。造型似一虎张口噬一幼兽。幼兽体蜷曲，兽首下垂。虎身刻有条形纹，尾上卷，前后肢错列，体健硕。

25 虎噬兽金饰

Tiger-biting-animal-shaped Gold Ornaments

战国（公元前 475 年—前 221 年）
长 8.0 厘米，宽 5.0 厘米
宁夏固原博物馆藏

Warring States period (475–221 BCE)
Length 8.0 cm, width 5.0 cm
The Guyuan Museum of Ningxia

薄金片模压而成。略呈长方形。造型似一虎张口噬一幼鹿，幼鹿体蜷曲，作挣扎状。虎身刻有涡纹，尾下垂，前后肢错列，体健硕，爪肥大。

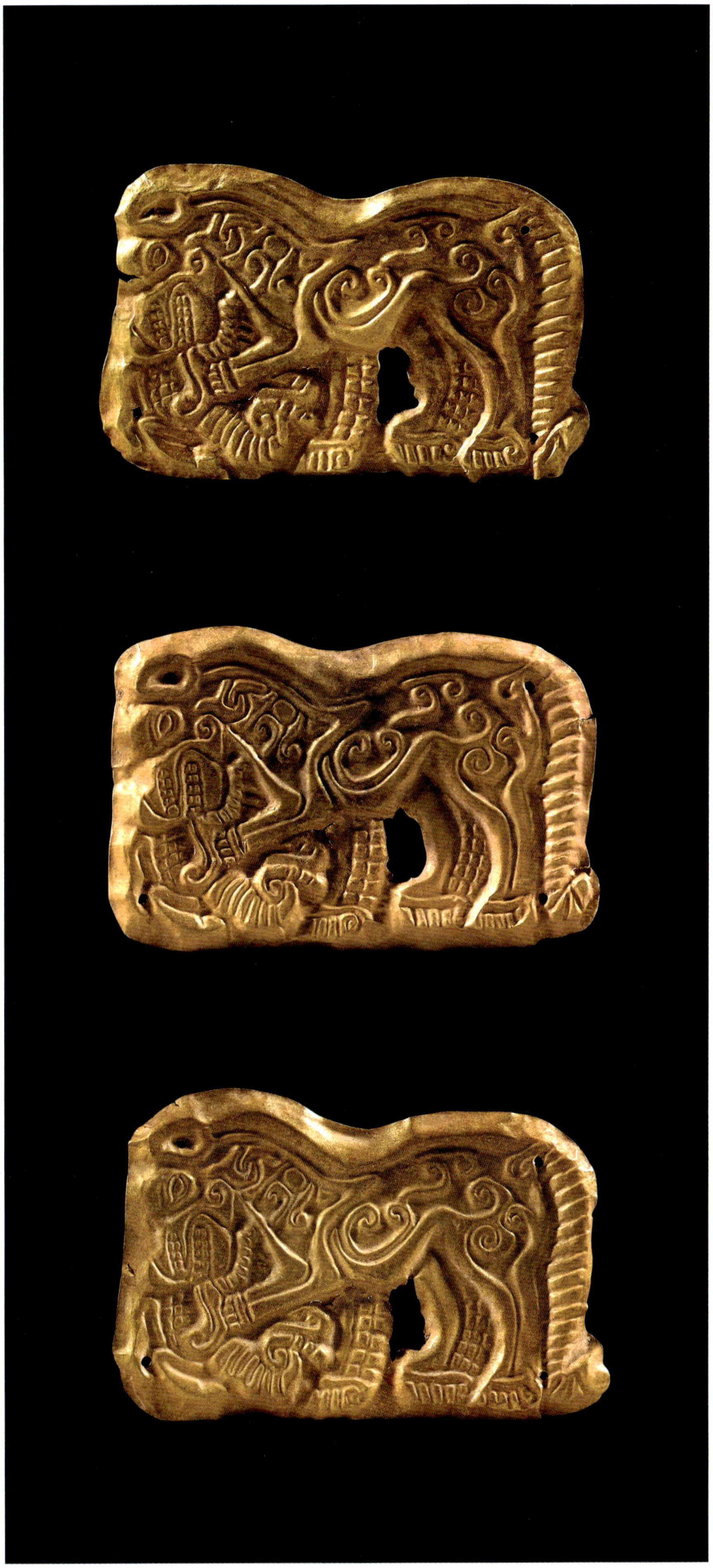

26 动物噬咬纹金饰

Gold Ornaments with the Animal-biting Pattern

战国（公元前 475 年—前 221 年）
长 9.0 厘米，宽 5.0 厘米
宁夏固原博物馆藏

Warring States period (475–221 BCE)
Length 9.0 cm, width 5.0 cm
The Guyuan Museum of Ningxia

薄金片模压而成。呈长方形，图案似为双兽与格里芬噬斗场面。构图巧妙，形象生动。

27 虎噬羊镀锡铜饰牌

Tiger-biting-goat-shaped Tinned Bronze Plaque

春秋战国（公元前 770 年—前 221 年）
1984 年宁夏彭阳县白杨林村出土
长 8.0 厘米，宽 4.5 厘米
宁夏固原博物馆藏

Spring and Autumn and Warring States periods
(770–221 BCE)
Unearthed from Baiyanglin Village, Pengyang County, Ningxia in 1984
Length 8.0 cm, width 4.5 cm
The Guyuan Museum of Ningxia

整体为透雕虎噬羊造型。虎长颈，细腰拱起，尾部饰连锁纹下垂，尾端卷曲，尾部及虎背装饰鸟头纹，椭圆形大耳，桃形眼，张口衔住一屈体小羊的头部。小羊眼圆睁，长耳，短尾，四肢蜷曲作挣扎状。形象生动，艺术造型独特。

28 虎噬鹿铜饰牌

Tiger-biting-deer-shaped Bronze Plaque

战国（公元前 475 年—前 221 年）
2014 年宁夏彭阳县城阳乡城阳村出土
长 10.0 厘米，宽 5.0 厘米
彭阳县博物馆藏

Warring States period (475–221 BCE)
Unearthed from Chengyang Village, Chengyang Township, Pengyang County, Ningxia in 2014
Length 10.0 cm, width 5.0 cm
Pengyang County Museum, Guyuan, Ningxia

虎作伫立状，桃形耳前倾，体肥硕，腰拱起。张口噬一动物。周身饰勾连云纹。背后附有弓形小钮。

29 鹿形金饰

Deer-shaped Gold Ornaments

战国（公元前 475 年—前 221 年）
高 8.0 厘米，宽 6.0 厘米
宁夏固原博物馆藏

Warring States period (475–221 BCE)
Height 8.0 cm, width 6.0 cm
The Guyuan Museum of Ningxia

金质。鹿角作树杈状高耸，鹿角根部有一圈联珠纹装饰。长耳后伸，鹿目圆睁，伸直脖颈，作瞭望状。鹿腿作蟠曲状，鹿身刻有线条纹饰以及两个圆钮。底部有两个凸起圆钮，或为衣着饰件。

30 羊形铜饰牌

Goat-shaped Bronze Plaques

春秋战国（公元前 770 年—前 221 年）
1989 年宁夏固原县杨郎乡马庄村出土
长 13.7 厘米，宽 8.2 厘米
宁夏固原博物馆藏

Spring and Autumn and Warring States periods (770–221 BCE)
Unearthed from Mazhuang Village, Yanglang Township, Guyuan County, Ningxia in 1989
Length 13.7 cm, width 8.2 cm
The Guyuan Museum of Ningxia

青铜质。锯齿状大角回卷与背相连，短吻前伸，短颈前倾，短尾上翘，前、后肢相连。

31 动物纹鎏金铜饰牌

Gilt Bronze Plaque with the Animal Pattern

春秋战国（公元前 770 年—前 221 年）
1993 年宁夏固原县潘家庄农场出土
长 8.0 厘米，宽 5.0 厘米
宁夏固原博物馆藏

Spring and Autumn and Warring States periods (770–221 BCE)
Unearthed from the Farm of Panjiazhuang, Guyuan County, Ningxia in 1993
Length 8.0 cm, width 5.0 cm
The Guyuan Museum of Ningxia

正面浮雕一兽，似虎，低首作行进状。虎眼外凸，张口露齿。额前一辫状装饰沿脊伸至背部中段，末端饰鸟头。背面有两个桥形钮。

32 动物纹金饰牌

Gold Plaque with the Animal Pattern

春秋战国（公元前 770 年—前 221 年）
1996 年宁夏固原县中河乡出土
长 6.2 厘米，宽 4.7 厘米
宁夏固原博物馆藏

Spring and Autumn and Warring States periods (770–221 BCE)
Unearthed from Zhonghe Township, Guyuan County, Ningxia in 1996
Length 6.2 cm, width 4.7 cm
The Guyuan Museum of Ningxia

通体略呈长方形，兽形，似虎。低首，张口，眼圆睁，利齿外露，长尾下垂作行进状。器表饰勾云纹、条纹、三角纹等，背面有一钮。

33 动物纹金饰

Gold Ornaments with the Animal Pattern

战国（公元前 475 年—前 221 年）
长 7.5 厘米，宽 5.0 厘米
宁夏固原博物馆藏

Warring States period (475–221 BCE)
Length 7.5 cm, width 5.0 cm
The Guyuan Museum of Ningxia

薄金片模压而成。略呈长方形。造型似一牛。牛身健硕，侧头枕前腿，双角直竖，牛耳向上，作蹬地顶角状。牛尾下垂，牛蹄肥大。腹部阴刻线纹。

34 狮纹铜饰牌

Bronze Plaque with the Lion Pattern

战国（公元前 475 年—前 221 年）
1984 年宁夏彭阳县罗洼乡罗洼村出土
长 9.0 厘米，宽 5.0 厘米
彭阳县博物馆藏

Warring States period (475–221 BCE)
Unearthed from Luowa Village, Luowa Township, Pengyang County, Ningxia in 1984
Length 9.0 cm, width 5.0 cm
Pengyang County Museum, Guyuan, Ningxia

一狮子呈行进状。三角状耳，柳叶形眼睛，前额置半圆形环。张口，长舌吐露，利齿可见，口噬一物。长尾卷曲至腹部，颈部及前肢均饰密集的鱼鳞纹饰。

35 子母豹铜扣饰

Female-leopard-and-its-cub-shaped Bronze Buckle Ornament

春秋战国（公元前 770 年—前 221 年）
1982 年宁夏固原县杨郎乡大北山出土
长 5.3 厘米，宽 5.3 厘米
宁夏固原博物馆藏

Spring and Autumn and Warring States periods (770–221 BCE)
Unearthed from Mount Dabei, Yanglang Township, Guyuan County, Ningxia in 1982
Length 5.3 cm, width 5.3 cm
The Guyuan Museum of Ningxia

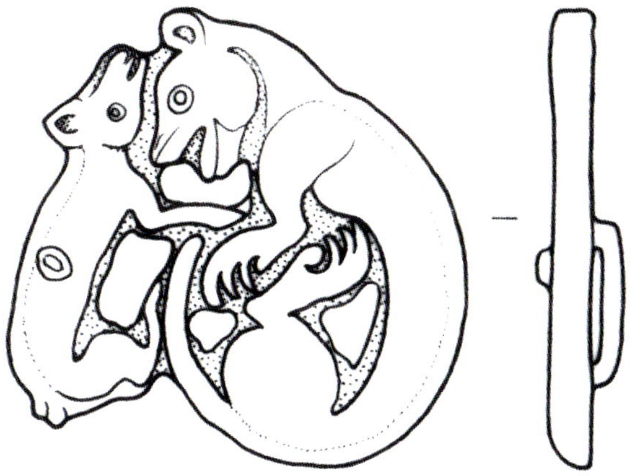

造型为透雕双豹图案。大小两豹相对互抱，大豹弓背屈肢卷尾，前后足相叠，前额紧贴小豹的下颌，表现母子相亲画面，形象生动传神。小豹腹侧有一凸钮。

36 动物纹鎏金铜饰牌

Gilt Bronze Plaque with
the Animal Pattern

春秋战国（公元前 770 年—前 221 年）
长 7.7 厘米，宽 5.8 厘米
宁夏固原博物馆藏

Spring and Autumn and Warring States periods
(770–221 BCE)
Length 7.7 cm, width 5.8 cm
The Guyuan Museum of Ningxia

长方形，表面饰动物纹浮雕，减地处鎏金，中有数处穿孔。

37 人驼纹铜带饰

Bronze Belt Ornament with the
Human-sitting-on-a-camel Pattern

战国（公元前 475 年—前 221 年）
1987 年宁夏彭阳县草庙乡张街村出土
长 6.3 厘米，宽 5.1 厘米
彭阳县博物馆藏

Warring States period (475–221 BCE)
Unearthed from Zhangjie Village, Caomiao
Township, Pengyang County, Ningxia in 1987
Length 6.3 cm, width 5.1 cm
Pengyang County Museum, Guyuan, Ningxia

骆驼四肢弯曲作平卧状，昂首，圆眼，长颈。背骑一人，身着长服，下摆宽松，腰系带，脚踏长靴，右手握驼鬃，左手扶驼后峰，回首，目视后方。背有一弓形小钮。

38 凤鸟纹金饰

Gold Ornaments with the Phoenix Pattern

战国（公元前 475 年—前 221 年）
长 7.0 厘米，宽 6.0 厘米
宁夏固原博物馆藏

Warring States period (475–221 BCE)
Length 7.0 cm, width 6.0 cm
The Guyuan Museum of Ningxia

薄金片模压而成。造型为一凤鸟侧面形象，圆眼，钩喙，头上有冠，体肥硕，饰涡纹，爪粗壮，单足站立，尾上扬。

39 狼纹银箔车饰

Silver-foiled Chariot Ornaments with the Wolf Pattern

春秋战国（公元前 770 年—前 221 年）
长 9.5 厘米，宽 6.0 厘米
宁夏固原博物馆藏

Spring and Autumn and Warring States periods (770–221 BCE)
Length 9.5 cm, width 6.0 cm
The Guyuan Museum of Ningxia

头前伸，三角形耳，椭圆形眼，张口露獠牙，面目狰狞，体健硕，长尾下垂，末端上卷。前后肢错列，呈行走状。

40 鹰首形铜杆头饰

Eagle-head-shaped Bronze Rod Finial

春秋战国（公元前 770 年—前 221 年）
长 6.1 厘米，口径 3.1 厘米
宁夏固原博物馆藏

Spring and Autumn and Warring States periods
(770–221 BCE)
Length 6.1 cm, diameter of mouth 3.1 cm
The Guyuan Museum of Ningxia

鹰喙前伸弯曲成钩状，双目圆睁，颈延伸为方銎，銎侧面有圆形钉孔。

41 羊首形铜杆头饰

Goat-head-shaped Bronze Rod Finial

春秋战国（公元前 770 年—前 221 年）
1989 年宁夏固原县杨郎乡马庄村出土
高 6.7 厘米，銎径 3.6 厘米
宁夏固原博物馆藏

Spring and Autumn and Warring States periods (770–221 BCE)
Unearthed from Mazhuang Village, Yanglang Township, Guyuan County, Ningxia in 1989
Height 6.7 cm, diameter of *qiong* ("hole drilled for rod installation") 3.6 cm
The Guyuan Museum of Ningxia

羊首形。两角向内弯曲，短吻，粗圆颈延伸为銎，造型简练，神态生动。

42 象形铜饰

Elephant-shaped Bronze Ornaments

春秋战国（公元前 770 年—前 221 年）
1981 年宁夏彭阳县沟口乡出土
长 6.7 厘米，宽 3.8 厘米，高 3.0 厘米
宁夏固原博物馆藏

Spring and Autumn and Warring States periods (770–221 BCE)
Unearthed from Goukou Township, Pengyang County, Ningxia in 1981
Length 6.7 cm, width 3.8 cm, height 3.0 cm
The Guyuan Museum of Ningxia

铜饰上为一立兽，低首，眼圆睁，尾下垂，长鼻露于牌面。一件背面有一孔一钮；另一件背面无孔。

43 鹿形铜饰

Deer-shaped Bronze Ornaments

战国（公元前 475 年—前 221 年）
2014 年宁夏彭阳县白阳镇中庄村出土
长 7.2 厘米，高 8.0 厘米；长 7.4 厘米，高 8.6 厘米
彭阳县博物馆藏

Warring States period (475–221 BCE)
Unearthed from Zhongzhuang Village, Baiyang Town, Pengyang County, Ningxia in 2014
Length 7.2 cm, height 8.0 cm; length 7.4 cm, height 8.6 cm
Pengyang County Museum, Guyuan, Ningxia

鹿作卧状，大耳长颈，腹中空，前后肢相连。一件为首身分铸，一件为浑铸。

44 镶松石金带饰

Gold Belt Ornaments Inlaid with Turquoise

西汉（公元前 206 年—公元 8 年）
983 年宁夏固原县南郊乡九龙山汉墓出土
长 9.4 厘米，宽 1.0 厘米；长 9.2 厘米，宽 2.2 厘米
宁夏固原博物馆藏

Western Han (206 BCE–8 CE)
Unearthed from the Han tomb in Mount Jiulong, Nanjiao Township,
Guyuan County, Ningxia in 1983
Length 9.4 cm, width 1.0 cm; length 9.2 cm, width 2.2 cm
The Guyuan Museum of Ningxia

一件为长条形，上下两边为联珠纹边缘，内用凸起的小圆点构成菱形对称图案，中部联珠纹圈嵌绿松石构成主体图案。一件为金质掐丝，长条形。上下两边亦为联珠纹边缘，中部联珠纹嵌绿松石构成上下对称的桃形主体图案。

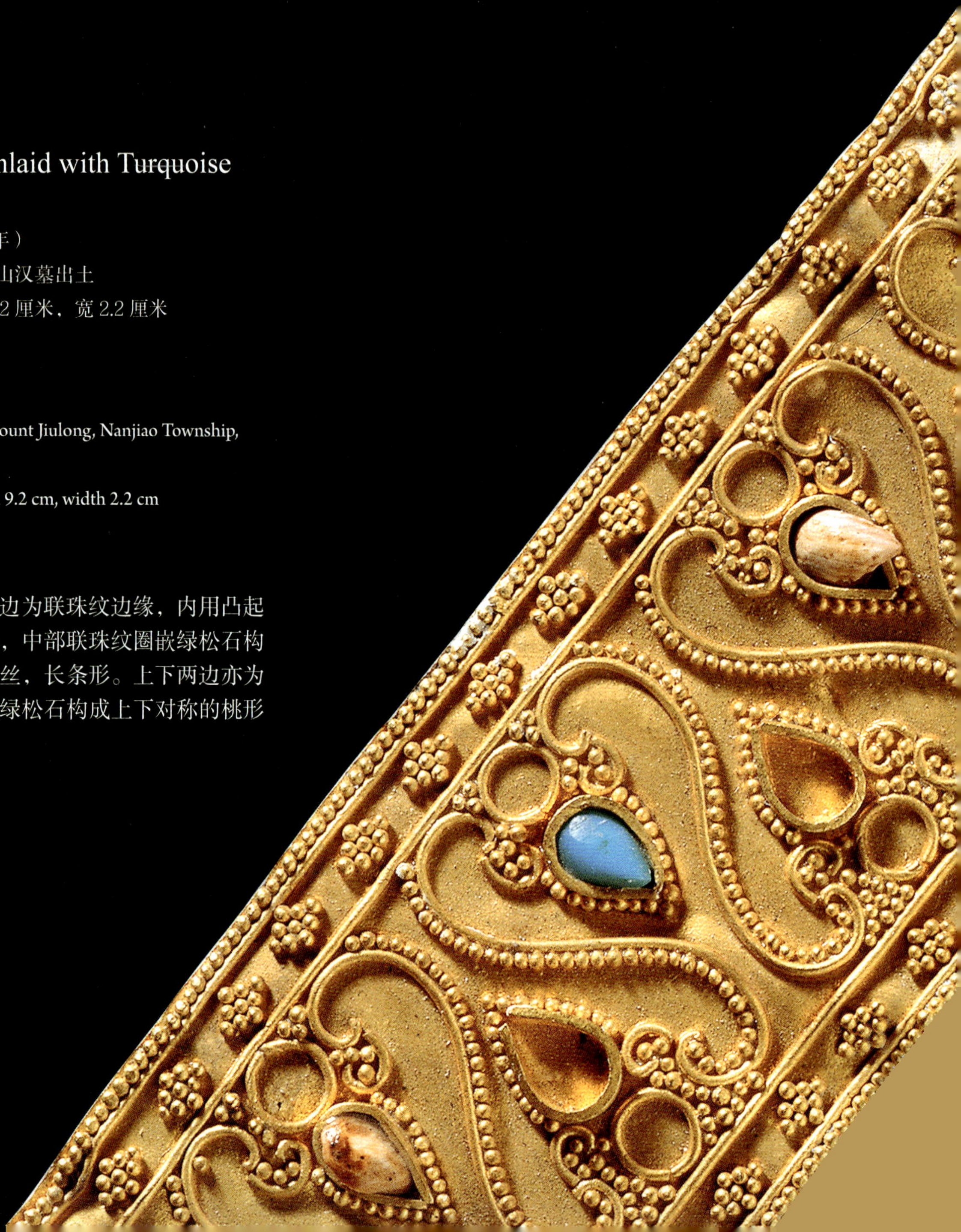

45 金花饰

Flower-shaped Gold Ornaments

西汉（公元前 206 年—公元 8 年）
1983 年宁夏固原县南郊乡九龙山汉墓出土
长 1.2 厘米，宽 0.7 厘米
宁夏固原博物馆藏

Western Han (206 BCE–8 CE)
Unearthed from the Han tomb in Mount Jiulong, Nanjiao Township, Guyuan County, Ningxia in 1983
Length 1.2 cm, width 0.7 cm
The Guyuan Museum of Ningxia

金质掐丝，联珠纹边缘，正面似三瓣花，中嵌绿松石，多已脱落。下侧似三角形。形制均相同。

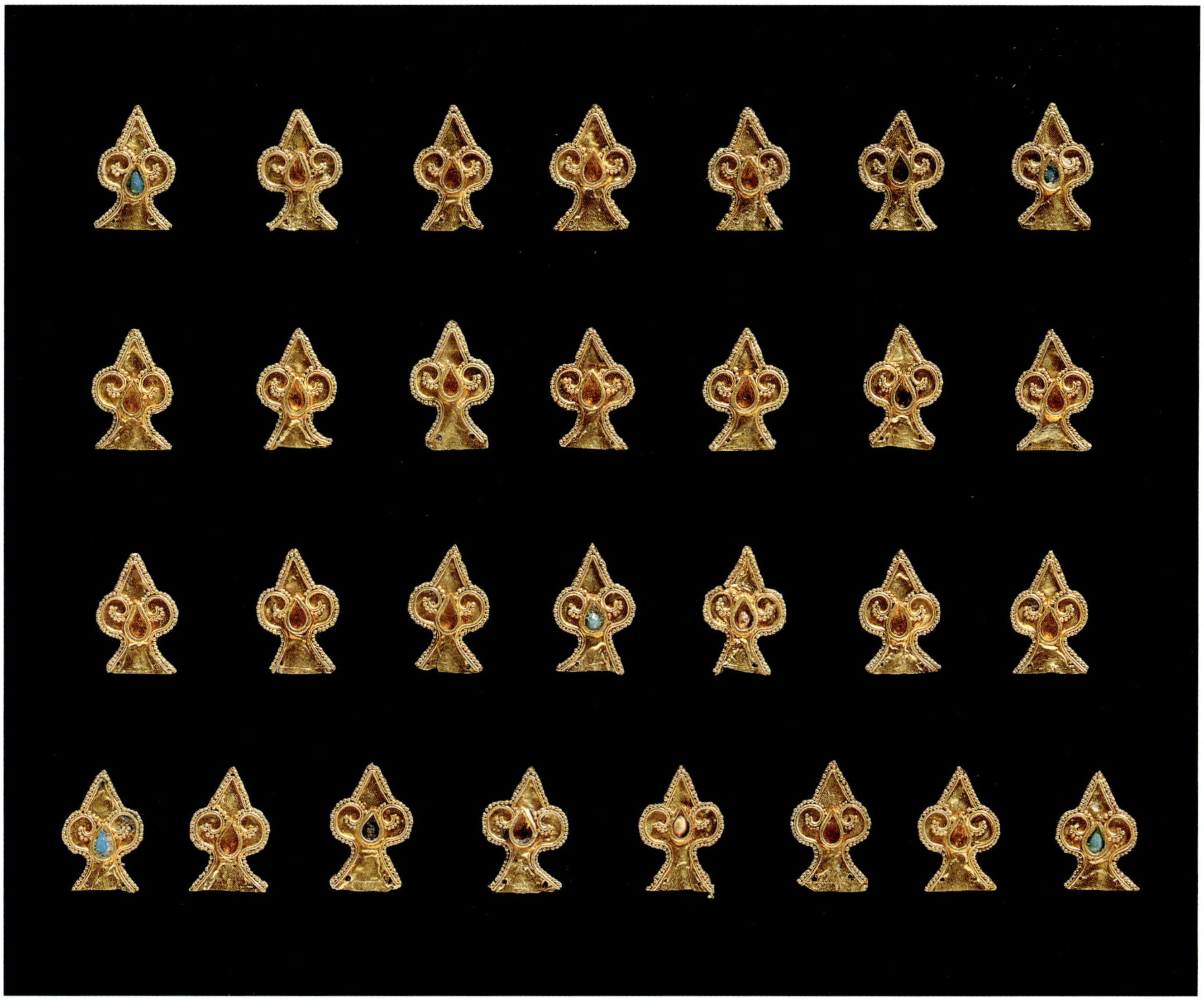

46 兽首条形骨器

Bar-shaped Bone Object with an Animal-head-shaped Finial

春秋战国（公元前 770 年—前 221 年）
1987 年宁夏固原县彭堡乡撒门村出土
长 21.2 厘米，宽 3.8 厘米
宁夏固原博物馆藏

Spring and Autumn and Warring States periods
(770–221 BCE)
Unearthed from Samen Village, Pengbu Township,
Guyuan County, Ningxia in 1987
Length 21.2 cm, width 3.8 cm
The Guyuan Museum of Ningxia

一端雕刻一兽头，另一端呈三角状，两端均饰有三道剔刻的“V”形条带纹。中部三道横条带两侧各剔刻两个圆环状凸纹。正面鼓起呈脊状，两端内侧有长方形穿孔。

47 兽首形骨饰

Bone Ornament with an Animal-head-shaped Finial

春秋战国（公元前 770 年—前 221 年）
1987 年宁夏固原县彭堡乡撒门村出土
长 13.0 厘米
宁夏固原博物馆藏

Spring and Autumn and Warring States periods (770–221 BCE)
Unearthed from Samen Village, Pengbu Township, Guyuan County, Ningxia in 1987
Length 13.0 cm
The Guyuan Museum of Ningxia

一端兽头形，另一端半圆形。器身刻数道条纹带，中部有一圆形穿孔。

48 三角纹刀形骨器

Knife-shaped Bone Object with the Triangular Pattern

春秋战国（公元前 770 年—前 221 年）
1987 年宁夏固原县彭堡乡撒门村出土
长 16.8 厘米，宽 6.8 厘米
宁夏固原博物馆藏

Spring and Autumn and Warring States periods
(770–221 BCE)
Unearthed from Samen Village, Pengbu Township, Guyuan County, Ningxia in 1987
Length 16.8 cm, width 6.8 cm
The Guyuan Museum of Ningxia

一端已残，另一端呈圆形，上饰剔刻涡纹。器表略鼓，用凸凹的条纹将器身分为四段，每段内剔刻凸凹三角纹，部分纹饰用黑、黄颜色涂染。器身两侧对穿有三个或二个圆孔，背面稍凹。

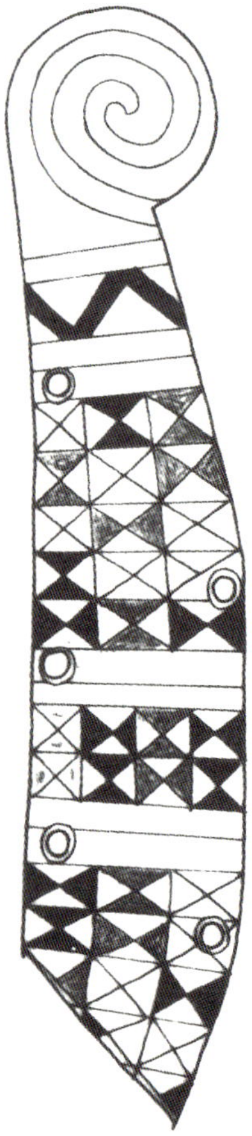

47 兽首形骨饰

Bone Ornament with an Animal-head-shaped Finial

春秋战国（公元前 770 年—前 221 年）
1987 年宁夏固原县彭堡乡撒门村出土
长 13.0 厘米
宁夏固原博物馆藏

Spring and Autumn and Warring States periods (770–221 BCE)
Unearthed from Samen Village, Pengbu Township, Guyuan County, Ningxia in 1987
Length 13.0 cm
The Guyuan Museum of Ningxia

一端兽头形，另一端半圆形。器身剔刻数道条纹带，中部有一圆形穿孔。

48 三角纹刀形骨器

Knife-shaped Bone Object with the Triangular Pattern

春秋战国（公元前 770 年—前 221 年）
1987 年宁夏固原县彭堡乡撒门村出土
长 16.8 厘米，宽 6.8 厘米
宁夏固原博物馆藏

Spring and Autumn and Warring States periods (770–221 BCE)
Unearthed from Samen Village, Pengbu Township, Guyuan County, Ningxia in 1987
Length 16.8 cm, width 6.8 cm
The Guyuan Museum of Ningxia

一端已残，另一端呈圆形，上饰剔刻涡纹。器表略鼓，用凸凹的条纹将器身分为四段，每段内剔刻凸凹三角纹，部分纹饰用黑、黄颜色涂染。器身两侧对穿有三个或二个圆孔，背面稍凹。

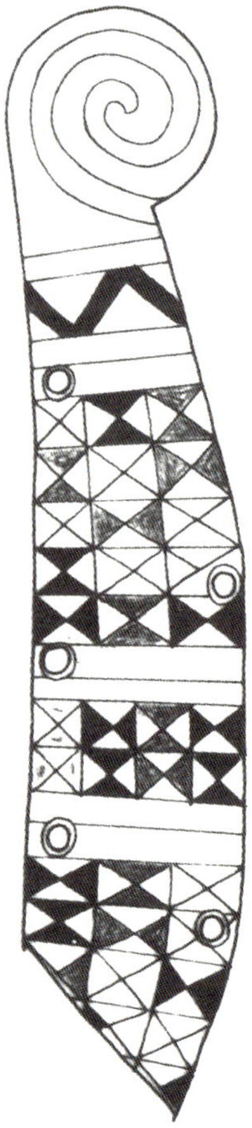

49 骨马镳

Bone Horse Cheekpiece

春秋战国（公元前 770 年—前 221 年）
1989 年宁夏固原县杨郎乡马庄村出土
长 7.7 厘米
宁夏固原博物馆藏

Spring and Autumn and Warring States periods (770–221 BCE)
Unearthed from Mazhuang Village, Yanglang Township, Guyuan County, Ningxia in 1989
Length 7.7 cm
The Guyuan Museum of Ningxia

由动物骨骼制成，加工成角的形状。表面磨光，其上刻卷云纹。

50 骨马镳

Bone Horse Cheekpiece

春秋战国（公元前 770 年—前 221 年）
1987 年宁夏固原县彭堡乡撒门村出土
长 15.0 厘米
宁夏固原博物馆藏

Spring and Autumn and Warring States periods (770–221 BCE)
Unearthed from Samen Village, Pengbu Township, Guyuan County, Ningxia in 1987
Length 15.0 cm
The Guyuan Museum of Ningxia

用动物骨骼刮磨而成，呈角状。圆平头，器表光滑，上饰两道剔刻条带纹，侧有两个椭圆形穿孔。

51 三瓣形骨饰

Trilobed Bone Ornament

春秋战国（公元前 770 年—前 221 年）
1987 年宁夏固原县彭堡乡撒门村出土
高 4.0 厘米，宽 3.0 厘米
宁夏固原博物馆藏

Spring and Autumn and Warring States periods (770–221 BCE)
Unearthed from Samen Village, Pengbu Township, Guyuan County, Ningxia in 1987
Height 4.0 cm, width 3.0 cm
The Guyuan Museum of Ningxia

由动物骨骼制成，表面磨光，呈青绿色。整器呈三瓣花叶状，花瓣上剔刻涡纹。

52 双兽首铜短剑

Bronze Short Sword with a Double-animal-heads-shaped Hilt

春秋战国（公元前 770 年—前 221 年）
1982 年宁夏彭阳县沟口乡出土
长 22.8 厘米，刃宽 2.9 厘米
宁夏固原博物馆藏

Spring and Autumn and Warring States periods (770–221 BCE)
Unearthed from Goukou Township, Pengyang County, Ningxia in 1982
Length 22.8 cm, width of blade 2.9 cm
The Guyuan Museum of Ningxia

剑首铸有两个背向连接的兽头，扁柄中间有一长条形孔，格呈翼状，剑身宽短，直刃中部起脊。

53 双兽首铜短剑

Bronze Short Sword with a Double-animal-heads-shaped Hilt

春秋战国（公元前 770 年—前 221 年）
1985 年宁夏固原县河川乡阳洼村出土
长 25.8 厘米，刃宽 2.4 厘米
宁夏固原博物馆藏

Spring and Autumn and Warring States periods (770–221 BCE)
Unearthed from Yangwa Village, Hechuan Township, Guyuan County, Ningxia in 1985
Length 25.8 cm, width of blade 2.4 cm
The Guyuan Museum of Ningxia

剑首为两个相对连接的兽头，剑柄扁平，中间有凹槽，两侧饰连续的锯齿纹，格为背向的两个兽头，剑锋为柳叶形，中部起脊。

54 铜鹤嘴斧

Crane-beak-shaped Bronze Axe

春秋战国（公元前 770 年—前 221 年）
1985 年宁夏固原县彭堡乡撒门村出土
长 20.8 厘米，宽 2.5 厘米
宁夏固原博物馆藏

Spring and Autumn and Warring States periods
(770–221 BCE)
Unearthed from Samen Village, Pengbu Township, Guyuan County, Ningxia in 1985
Length 20.8 cm, width 2.5 cm
The Guyuan Museum of Ningxia

一端扁刃为斧，刃口锋利。另一端尖圆呈鹤嘴状，中部为圆形銎。

55 铜带钩

Bronze Belt Hook

春秋战国（公元前 770 年—前 221 年）
长 19.8 厘米，宽 2.7 厘米
宁夏固原博物馆藏

Spring and Autumn and Warring States periods (770–221 BCE)
Length 19.8 cm, width 2.7 cm
The Guyuan Museum of Ningxia

鸭嘴形钩首，长细颈，钩体表面饰有几何纹，钩背前部有圆钮。

56 动物纹铜带扣

Bronze Belt Buckle with the Animal Pattern

春秋战国（公元前 770 年—前 221 年）
长 8.6 厘米，宽 4.9 厘米
宁夏固原博物馆藏

Spring and Autumn and Warring States periods (770–221 BCE)
Length 8.6 cm, width 4.9 cm
The Guyuan Museum of Ningxia

青铜质，带扣一端的扣环由两兽首组成圆环状，兽首刻画有鼻、眼及两耳。环中有一可转动的扣舌。带扣另一端同样呈一兽首状。

57 鹿纹铜带钩

Bronze Belt Hook with the Deer Pattern

战国（公元前 475 年—前 221 年）
长 9.1 厘米，宽 4.8 厘米
宁夏固原博物馆藏

Warring States period (475–221 BCE)
Length 9.1 cm, width 4.8 cm
The Guyuan Museum of Ningxia

青铜质，兽首形钩首，长颈饰有两道横纹，钩体宽，上饰兽头纹、卷云纹，兽头似鹿，两侧各有一似兽耳形及圆形突起，钩体背有一圆钮。

58 龙纹铜带钩

Bronze Belt Hook with the Dragon Pattern

战国（公元前 475 年—前 221 年）
2011 年宁夏彭阳县交岔乡苋麻出土
长 8.7 厘米，宽 5.3 厘米
彭阳县博物馆藏

Warring States period (475–221 BCE)
Unearthed from Xianma, Jiaocha Township, Pengyang County, Ningxia in 2011
Length 8.7 cm, width 5.3 cm
Pengyang County Museum, Guyuan, Ningxia

青铜质，钩体残缺。钩首呈兽首形，钩身饰有一螭龙。

高平礼成

西汉时期，置安定郡，郡治高平县，即今天的固原。自秦汉以来，中原制度在此已成气候。这一时期，当地的政治、经济制度乃至社会风俗都与中原地区同步发展。固原出土的汉魏时期文物，生动印证了这一历史进程。汉代“朝那”铭文铜鼎见证了当地的行政建制；“魏率善羌佰长”铜印是三国时期曹魏政权为加强羌人部落管理而颁授的官印；“一刀平五千”铜币和“货泉”钱范体现与中原同步更迭的货币制度。此外，固原汉墓出土博山炉、铜镜等生活器物的形制、工艺都与关中地区高度一致，展现出该地区与汉文化核心区的文化共性。

Ritual Completed in Gaoping

During the Western Han dynasty, the central government established Anding Commandery, with its seat in Gaoping County (now Guyuan). Ever since the Qin and Han, the institutions of the Central Plains had taken root here, and the region’s political, economic, and even funerary systems developed in sync with those of the heartland. Artifacts from the Han and Wei dynasties unearthed in Guyuan serve as vivid testaments to this historical process. A Han bronze ding inscribed with characters *Zhunuo* (name of an ancient county) reflects the administrative structure of the time; a bronze seal featuring characters *Wei Shuaishan Qiang Baizhang* (“Chief of a Hundred-person Group of the Qiang Tribe under the Rule of the Wei”) was issued by the Wei regime of the Cao house during the Three Kingdoms period to strengthen governance over the Qiang tribe; a bronze knife-coin featuring *Yidao Ping Wuqian* (“one knife equivalent to five thousand”) and a mold of *huoquan* (“spring of goods”) coins indicate that Guyuan adopted the same monetary systems as the Central Plains. Moreover, Han-dynasty tombs in Guyuan have yielded daily-use items such as a Han-style hill-shaped incense burner and a bronze mirror, offering glimpses into the lifestyles of people during that era.

59 “朝那”铜鼎

Bronze *Ding* (“food vessel”) Inscribed with Characters *Zhunuo* (name of an ancient county)

汉（公元前 206 年—公元 220 年）
1982 年宁夏固原县古城公社（今彭阳县古城镇）出土
高 23.0 厘米，口径 17.5 厘米，腹深 13.2 厘米
宁夏固原博物馆藏

Han (206 BCE–220 CE)
Unearthed from Gucheng Commune (now Gucheng Town, Pengyang County), Guyuan County, Ningxia in 1982
Height 23.0 cm, diameter of mouth 17.5 cm, depth of belly 13.2 cm
The Guyuan Museum of Ningxia

鼎身子母口，方形附耳，鼓腹圆底，三蹄形足，腹中部饰有一道凸棱，凸棱上部阴刻有三段铭文：“第廿九，五年，朝那，容二斗二升，重十二斤四两”“今□二斗一升，乌氏”“今二斗一升，十一斤十五两”。

60 “货泉”陶钱范

Pottery Mold of *Huoquan* (“spring of goods”) Coins

新朝（公元 9 年—23 年）
1992 年宁夏隆德县出土
长 7.8 厘米，宽 7.6 厘米
宁夏固原博物馆藏

Xin (9–23 CE)
Unearthed from Longde County, Ningxia in 1992
Length 7.8 cm, width 7.6 cm
The Guyuan Museum of Ningxia

叠范。六边形，六角圆弧，单范两面模印“货泉”钱痕六枚。钱纹阴刻，三正三背，六枚钱中间作出直通的圆形浇口。

61 “一刀平五千”铜币

Bronze Knife-coin Inscribed with Characters *Yidao Ping Wuqian* (“one knife equivalent to five thousand”)

新朝（公元 9 年—23 年）
1984 年宁夏固原县城出土
长 7.5 厘米，环径 2.9 厘米，刀长 4.7 厘米，宽 1.5 厘米
宁夏固原博物馆藏

Xin (9–23 CE)
Unearthed from Guyuan County, Ningxia in 1984
Length 7.5 cm, diameter of ring 2.9 cm, length of knife 4.7 cm, width 1.5 cm
The Guyuan Museum of Ningxia

青铜铸造，做工精良，由方孔圆钱连接刀身组成。方孔圆钱上下“一刀”二字以黄金镶嵌，刀身“平五千”三字为阳文，以小篆铸出。字体工整，风格纤秀。

62 “魏率善羌佰长”铜印

Bronze Seal Inscribed with Characters *Wei Shuaishan Qiang Baizhang* (“Chief of a Hundred-person Group of the Qiang Tribe under the Rule of the Wei”)

三国魏（公元 220 年—280 年）
印面长 2.2 厘米、宽 2.2 厘米，印台高 0.7 厘米
宁夏固原博物馆藏

Wei state, Three Kingdoms period (220–280 CE)
Length of seal face 2.2 cm, width of seal face 2.2 cm; height of seal base 0.7 cm
The Guyuan Museum of Ningxia

印面有阴文篆“魏率善羌佰长”六字。钮高 1.9 厘米，作卧驼状，腹下有直径为 0.3 厘米的圆穿。

63 铜博山炉

Hill-shaped Bronze Incense Burner

汉（公元前 206 年—公元 220 年）
1999 年宁夏固原博物馆院内汉墓出土
高 18.9 厘米，口径 7.0 厘米，底径 9.8 厘米，柄长 8.2 厘米、宽 2.5 厘米
宁夏固原博物馆藏

Han (206 BCE–220 CE)
Unearthed from the Han tomb in the courtyard of the Guyuan Museum of Ningxia in 1999
Height 18.9 cm, diameter of mouth 7.0 cm, diameter of base 9.8 cm,
length of stem 8.2 cm, width of stem 2.5 cm
The Guyuan Museum of Ningxia

由炉盖、炉身组成。炉盖做母口，其上做出多层高低起伏、挺拔俊俏的山峦。山峦上做出燃烧的火焰纹饰，其间做出镂孔，表面刷金。炉身呈半球形，做子口，炉身中部铸一横向平柄，俯视呈葫芦形。柄部长条形，柄端铸出变形的人面纹饰。炉座呈喇叭形，中空，与炉身连接。

64 蒜头铜扁壶

Bronze Flask with a Garlic-shaped Mouth

汉（公元前 206 年—公元 220 年）
1983 年宁夏固原县西郊乡出土
高 28.4 厘米，口径 3.4 厘米，腹宽 31.0 厘米
宁夏固原博物馆藏

Han (206 BCE–220 CE)
Unearthed from Xijiao Township, Guyuan County, Ningxia in 1983
Height 28.4 cm, diameter of mouth 3.4 cm, width of belly 31.0 cm
The Guyuan Museum of Ningxia

圆口，浅直唇，唇下饰六瓣蒜头纹，短颈，扁腹。宽腹两侧附对称环形钮，方形圈足。

65 四神纹博局铜镜

Bronze TLV Mirror with the Four-divine-animals Pattern

汉（公元前 206 年—公元 220 年）
径 16.1 厘米，厚 0.4 厘米
宁夏固原博物馆藏

Han (206 BCE–220 CE)
Diameter 16.1 cm, thickness 0.4 cm
The Guyuan Museum of Ningxia

圆形，圆钮，四叶纹钮座，座外双凸线纹方框。内区为带座八乳配列四方，乳钉间为博局纹，将内区分为四方八等份，乳钉与博局纹间饰有青龙、白虎、朱雀、玄武四神及四禽鸟图案，中区双凸弦纹间一条三十一字铭文带，“作佳竟（镜）真大好，尚有仙人不知老，渴饮玉泉饥食早，浮游天下敖四海，寿如国保”，外饰栉齿纹一周。外区为锯齿纹、弦纹、双线流云纹各一周，素窄平缘。

66 动物纹褐釉陶壶

Brown-glazed Pottery Pot with the Animal Pattern

汉（公元前 206 年—公元 220 年）
1983 年宁夏固原县城北塬汉墓出土
高 34.5 厘米，口径 14.6 厘米
宁夏固原博物馆藏

Han (206 BCE–220 CE)
Unearthed from the Han tomb in the Northern Highland, Guyuan County, Ningxia in 1983
Height 34.5 cm, diameter of mouth 14.6 cm
The Guyuan Museum of Ningxia

泥质红陶。盘口，长颈，溜肩，鼓腹，平底。肩部饰两周凸起弦纹，其间饰山峦，山峦中有虎、豹、犬等动物图案。器表通施褐釉，是难得的釉陶珍品。

67 绿釉陶熊顶灯

Green-glazed Pottery Lamp with a Bear-shaped Stand

汉（公元前 206 年—公元 220 年）
1998 年宁夏固原县城北塬汉墓出土
高 44.0 厘米
宁夏固原博物馆藏

Han (206 BCE–220 CE)
Unearthed from the Han tomb in the Northern Highland, Guyuan County, Ningxia in 1998
Height 44.0 cm
The Guyuan Museum of Ningxia

泥质红陶，上施绿釉，部分剥彩。为汉代常见的灯具之一，熊蹲在底座之上，张口瞠目，头顶圆形灯盘。

68 绿釉陶灶

Green-glazed Pottery Stove

汉（公元前 206 年—公元 220 年）
1998 年宁夏固原县城北塬汉墓出土
长 29.0 厘米，宽 18.0 厘米，高 10.0 厘米
宁夏固原博物馆藏

Han (206 BCE–220 CE)
Unearthed from the Han tomb in the Northern Highland, Guyuan County, Ningxia in 1998
Length 29.0 cm, width 18.0 cm, height 10.0 cm
The Guyuan Museum of Ningxia

泥质红陶，随葬明器。平面呈长方形，无底。由灶身、灶面、灶门、火眼、烟囱组成。灶面一周饰菱形花纹。灶面正中凸起一大一小两个圆形火眼，其间模印出鱼、龟、瓢、铲、刀、叉、钩、案、盘等食品和灶具图案，前壁中间为半圆形灶门。

69 彩绘木马

Painted Wooden Horse

汉（公元前 206 年—公元 220 年）
高 82.5 厘米，长 74.0 厘米
宁夏固原博物馆藏

Han (206 BCE–220 CE)
Height 82.5 cm, length 74.0 cm
The Guyuan Museum of Ningxia

木质，通体彩绘，马头、颈、躯干、四肢、尾分制后扦插组合而成。马立姿，颌首张口，平视前方。躯干、四肢削刻简练，线条粗放。马头及五官削刻细致，小竖耳、圆目突、大鼻孔，大腮，牙齿发达。马背雕刻鞍饰。

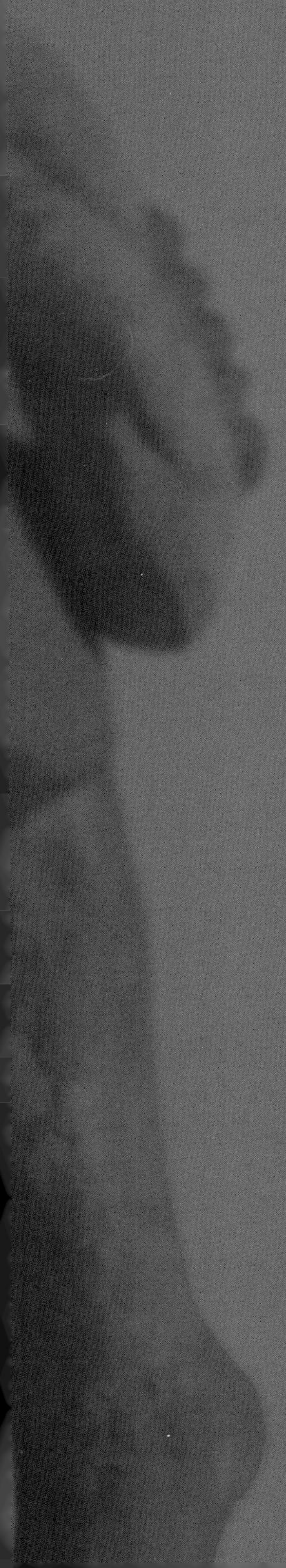

胡汉共舞

Prosperity for Both the Hu and Han Peoples

南北朝时期，固原先后隶属于北魏、西魏和北周。这一时期，固原是丝绸之路东段北道的重要都市，在商贸往来和文化传播上发挥着重要作用。以李贤夫妇合葬墓、田弘夫妇合葬墓为代表的北周墓葬出土了大量珍贵文物，展现了这一时期中西物质文化交流的繁荣景象。

李贤夫妇合葬墓出土的墓志、壁画与彩绘陶俑群，是传统汉制葬俗的体现。与此同时，出土的鎏金银壶、凸钉玻璃碗、金戒指，均是由中亚、西亚传入我国的珍贵舶来品。传统汉制与异域器物的共现，见证了这一时期丝绸之路贸易往来的繁荣，也成为不同文明交流融汇的生动体现。

During the Northern and Southern dynasties, Guyuan was successively ruled by the Northern Wei, Western Wei, and Northern Zhou regimes of the Northern dynasties. At that time, Guyuan was a key metropolis along the northern route of the eastern section of the Silk Roads, playing a vital role in trade and cultural exchanges. Northern Zhou tombs in the region, notably the joint burial sites of Li Xian and his wife and of Tian Hong and his wife, have yielded a wealth of precious artifacts, reflecting the flourishing commercial and cultural interactions between the Central Plains and the Western Regions.

Memorial inscriptions, murals, and a group of painted pottery figurines from the tomb of Li Xian and his wife represent the continuation of Han-style burial customs. Meanwhile, the unearthed gilded silver ewer, studded glass bowl, and gold ring are all rare imports from Central and Western Asia. The coexistence of Han customs and exotic items witnessed the flourishing Silk Road trade during this era and embodied the convergence of diverse civilizations.

汉仪重光

固原地区以李贤夫妇合葬墓为代表的北周墓葬，其墓葬形制和出土文物体现了中原礼制典章在该地区的延续与发展，是我们观察北朝时期该地区文化面貌的重要窗口。

李贤，北周柱国大将军、大都督，其墓葬形制、出土文物呈现出承前启后的时代特征。从墓葬形制上看，中原传统的厚葬之风仍然存在，但也有了新的变化。如在墓道上开有多个天井，墓室采取土洞式。在出土文物方面，李贤墓出土镇墓兽怒目圆睁，作伏卧状，沿袭关中地区镇墓兽的造型传统；仪仗俑的配置沿袭北魏旧制，其造型丰壮，又体现出西魏、北周的雕塑艺术特色；墓葬壁画在表现方式上采用敦煌壁画中常见的晕染法，反映出北周时期固原地区与敦煌地区绘画艺术的交流情况。李贤墓出土环首铁刀、田弘墓出土组玉佩是这一时期礼仪制度的体现。

The Resurgence of Han Rituals

The structures of and artifacts from the Northern Zhou tombs in Guyuan, exemplified by the joint burial site of Li Xian and his wife, reflect the continuation and evolution of the Central Plains ritual systems in the region. These tombs serve as an important window from which to view the cultural landscape of the area during the Northern dynasties.

According to its structure and the unearthed artifacts from it, the tomb of Li Xian, Great General as Pillar of the State and Grand Commander of the Northern Zhou, shows both traits of tradition and signs of innovation. His burial follows the Central Plains practice of lavish tomb construction, while introducing such new features as light shafts along the tomb passage and earthen cave-style burial chambers. Among the artifacts, the guardian beast of the tomb, glaring and crouching, follows the traditional style of Guanzhong, an area defended by four major mountain pass fortresses; in terms of arrangement, the honor guard figurines inherit the Northern Wei traditions, and their robust forms reflect the sculptural style of the Western Wei and Northern Zhou; the tomb murals employ the *yunran* ("smudging and shading") technique common in Dunhuang murals, indicating artistic exchanges between Guyuan and Dunhuang during the Northern Zhou. The discovery of an iron saber with a ring-shaped handle in the tomb of Li Xian and of jade pendant sets in the tomb of Tian Hong further illustrates the ritual systems of the day.

李贤墓志

李贤字贤和，其事迹见于《北史》《周书》。其家族为陇西望族，兄弟子侄多为西魏、北周统治集团中的显赫人物。其祖父辈镇守高平，始举家迁徙原州（今固原）。李贤本人历经北魏、西魏、北周三朝。当时，社会动荡不安。李贤作为统治集团成员，一生担任多种官职，或戎马征战、镇守一方，或统治地方、管理政务。墓志记载其“弹冠结授卌有七年，披坚陷敌廿有一战”，《周书·李贤传》称他“任兼文武，声彰内外，位高望重，光国荣家”。西魏统治者宇文泰、北周武帝宇文邕多次出巡原州，至李贤宅第“让齿而坐，行乡饮酒礼”。李贤死后，帝“亲临，哀动左右”，追赠官职，谥曰桓。从出土墓志与传世史料记载可见，李贤是北周时期极有影响力的人物。

70 柱国河西公（李贤）墓铭

Memorial Inscription of Li Xian, Duke of Hexi and Pillar of the State

北周天和四年（公元 569 年）
1983 年宁夏固原县南郊乡深沟村李贤夫妇合葬墓出土
志盖：边长 67.5 厘米，厚 10.0 厘米
志石：边长 67.5 厘米，厚 10.0 厘米
宁夏固原博物馆藏

4th year of the Tianhe era (569 CE), Northern Zhou
Unearthed from the tomb of Li Xian and his wife in Shengou Village, Nanjiao Township, Guyuan County, Ningxia in 1983
Memorial inscription cover: length of side 67.5 cm, thickness 10.0 cm
Memorial inscription stone: length of side 67.5 cm, thickness 10.0 cm
The Guyuan Museum of Ningxia

李贤墓志铭一组（两件），均为正方形，青石质。志盖为盝顶式，四面斜杀。正中镌刻减地阳文楷书“大周柱国河西公墓铭”。右上角有一直径约 2 厘米的圆形穿孔，下部有四个排列不规整直径 9 厘米的圆环形印痕。志石正面磨光，细线刻划方格，横竖各三十一格，阴刻楷书志文。志文记载李贤的家族世系、仕宦经历、军功爵位与卒年。

大周使持節柱國大將軍大都督原涇秦河渭夏隴成豳靈十州諸軍事原州刺史河西桓公墓誌銘

大周使持節柱國大將軍大都督原涇秦河渭夏隴成豳靈十州諸軍事原州刺史河西桓公墓誌銘
公諱賢字賢和原州平高人本姓李漢將陵之後也十世祖俟地歸聰明仁智有
則哲之監知魏聖帝齊聖廣淵奄有天下迺率諸國定扶戴之議鑿石開路南越
陰山竭手爪之功成股肱之任建國拓拔因以爲氏公即平涼府君之孫司空公
原州史君之子溫恭之性稟於自然仁恕之心非關師獎風雨不能移其撡憘慍
未嘗形於色鄉黨許其遠大宗族稱爲萬頃故能開具儀府同斯銓注再蒞河州
三居蒞牧撫蕃邑相任監軍於江外利建茅社啓土宇於河西爪竹懷煌仍專萬
里之務褰帷兆出蓋揔六防之師踐境臨民無有來蘇之詠秩滿旋闕咸壹去思
之滌若夫彈冠結綬卌有七年被堅陷敵廿有一戰遂得聲齊細柳功超大樹既
聯光於八宿無何殊於萬戶魏武君臣失和迺睠西顧 大祖清掃關輔以侯竈
踵令公輕萬千騎奉迎六軍行次西中便得朝覲于時疾風之始非無去就公受
詔居後實有殊功盖聞積善之家必有餘慶故官爵隆於四世子孫授於八凱略
叙一門之中爲柱國者二大將軍者三開府者七儀同者九撫鄉者六方伯者十
有五焉至於常侍侍中之任武衛武率之職摠管監軍之名車騎驃騎之号冠蓋
交錯綢珮陸離胡可稱矣 太祖以 皇帝春秋寔富齊國公年在幼沖令公挾
輔義高師尚故始納元妃便當賀遂之禮龍飛大寶遂有合家之錫方欲壇梅九
鼎論道三槐日東未隱山頹奄及天和四年歲次己丑三月廿五日薨於長安時
年六十有六其年五月己丑朔廿一日己酉葬於原州西南隴山之足 皇帝追
悼御之勳不拘恆例美從神筆特贈柱國大將軍原涇秦河渭夏隴成豳靈十州
諸軍事原州刺史諡曰桓公禮也夫人宇文氏婉娩嬪風儀柔母悳草歷沫永繼
露先悲朝雲已沒夜臺多捨龜筮既從別開埏塋是曰遷仇儒於蒿里合雙魂而
同穴懼黃壤之不恒勒清徽於銘誌
惟嶽降神誕茲哲人方金爲鋭比玉稱珍少年提劍弱齡縉紳弋麾落日馬逐秋
塵功揚六轡聲溢三秦圍圖青蓋瀰瀰朱輪桂仍舒覩山方壘仁翻頹肩刃奄落
三春帝悼松檟容思稀里祈辭京闕魂歸桑梓還其仇儷同斯藪趾白楊合拱
徽永矣

世子端使持節車騎大將軍儀同三司大都督[illegible]州刺史[illegible]
次子吉平東將軍右銀青光祿大都督
次子隆使持節車騎大將軍儀同三司大都督高遒樂侯
次子軌帥都督昇遷伯　次子詢帥都督右侍上士　次子諶　次子綸
次子孝忠　次子孝禮　次子孝係　次子孝良　次子抱南

李贤墓壁画

在中国古代，墓葬是魂灵的居所。汉代以来，人们愈发希望幽冥的阴宅能够延续和夸耀人间光彩的生活。现实中有些事物难以带入地下，有些抽象的观念只能采取象征性的表达，逐渐便以图绘代之，复现在墓葬的墙壁上。

北周李贤墓，在墓道、过洞、天井、甬道、墓室等处皆绘有壁画，题材包括门楼、武士、侍女伎乐等内容。

门楼图位于过洞和甬道口外上方，用白灰浆打底，以墨色勾勒出庑殿式顶，瓦垅鳞次，鸱尾昂扬，以红色绘立柱、斗拱、额枋、栏杆等。

武士图位于墓道、天井、过洞东西两壁，位置左右对称。武士持刀而立，神情肃穆。头戴冠，内穿袴褶服，宽袖，外着裲裆明光铠，足蹬麻履。有的武士袂角向墓室方向飘荡，威风凛凛。

侍女伎乐图位于墓室四壁。侍女手执拂尘或团扇而立，衣袂翩跹。头梳双发髻或高髻，内穿圆领衫，外着宽袖服，腰系带，下裹裙。伎乐腰间系圆鼓，双手正执槌击鼓，头偏转向另一侧，神态活泼，颇具律动感。

除过洞壁上的武士图因过洞本身较低矮而画得略矮小以外，其他壁画人物几与真人等大，营造出外有武士值守、内有仆从服侍在侧，墓主夫妇“观赏”伎乐舞蹈的欢乐景象。

武士壁画人物脸型方圆丰满，眉弓弧圆，鼻梁直挺，双眼皮，有“八”字胡须，双耳硕大，耳垂颀长，颈肩短壮，有的武士双目微闭，或目视前下方。壁画人物施色多用西域晕染法，时称“凹凸法”，或称“天竺遗法”。以红色施在面部眼窝、鼻背、眼下，在鼻梁、眉弓处施以白色以示高光，而颧、额、颌处的叠染则反映出对中原晕染方法的融合，二者配合塑造出五官的深邃感和面部的立体度。颈部、肩部的边缘也施以红色晕染，使肩颈圆转过去。裲裆铠、衣褶的边缘也用了叠晕表现出铠甲隆起的体积和衣褶的厚度。晕染法在西魏、北周时期的敦煌石窟壁画中使用较为普遍，当时固原与敦煌之间或存在着艺术交流。

71 持刀武士壁画

Mural of a Warrior Holding a Saber

北周天和四年（公元 569 年）
1983 年宁夏固原县南郊乡深沟村李贤夫妇合葬墓出土
纵 125.0 厘米，横 54.0 厘米
宁夏固原博物馆藏

4th year of the Tianhe era (569 CE), Northern Zhou
Unearthed from the tomb of Li Xian and his wife in Shengou Village, Nanjiao Township, Guyuan County, Ningxia in 1983
Length 125.0 cm, width 54.0 cm
The Guyuan Museum of Ningxia

武士面相丰满，目光有神，留三绺胡须，呈“个”字形，大耳垂肩，头戴高冠，身着裲裆明光铠，腰束带，内穿袴褶服，足穿麻履，右手握环形刀把，左手屈于胸前，站立作守卫状。

72 持刀武士壁画

Mural of a Warrior Holding a Saber

北周天和四年（公元 569 年）
1983 年宁夏固原县南郊乡深沟村李贤夫妇合葬墓出土
纵 133.0 厘米，横 55.0 厘米
宁夏固原博物馆藏

4th year of the Tianhe era (569 CE), Northern Zhou
Unearthed from the tomb of Li Xian and his wife in Shengou Village, Nanjiao Township, Guyuan County, Ningxia in 1983
Length 133.0 cm, width 55.0 cm
The Guyuan Museum of Ningxia

73 持刀武士壁画

Mural of a Warrior Holding a Saber

北周天和四年（公元 569 年）
1983 年宁夏固原县南郊乡深沟村李贤夫妇合葬墓出土
纵 144.0 厘米，横 54.0 厘米
宁夏固原博物馆藏

4th year of the Tianhe era (569 CE), Northern Zhou
Unearthed from the tomb of Li Xian and his wife in Shengou Village, Nanjiao Township, Guyuan County, Ningxia in 1983
Length 144.0 cm, width 54.0 cm
The Guyuan Museum of Ningxia

74 持刀武士壁画

Mural of a Warrior Holding a Saber

北周天和四年（公元 569 年）
1983 年宁夏固原县南郊乡深沟村李贤夫妇合葬墓出土
纵 119.0 厘米，横 49.0 厘米
宁夏固原博物馆藏

4th year of the Tianhe era (569 CE), Northern Zhou
Unearthed from the tomb of Li Xian and his wife in Shengou Village, Nanjiao Township, Guyuan County, Ningxia in 1983
Length 119.0 cm, width 49.0 cm
The Guyuan Museum of Ningxia

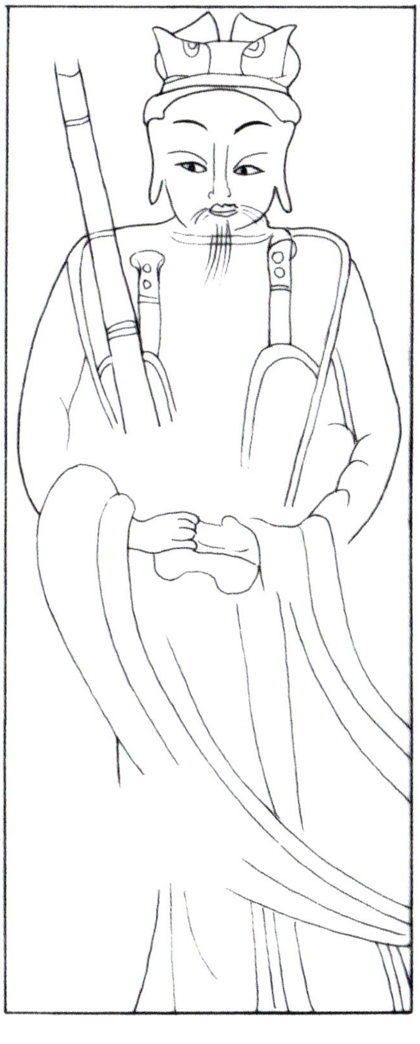

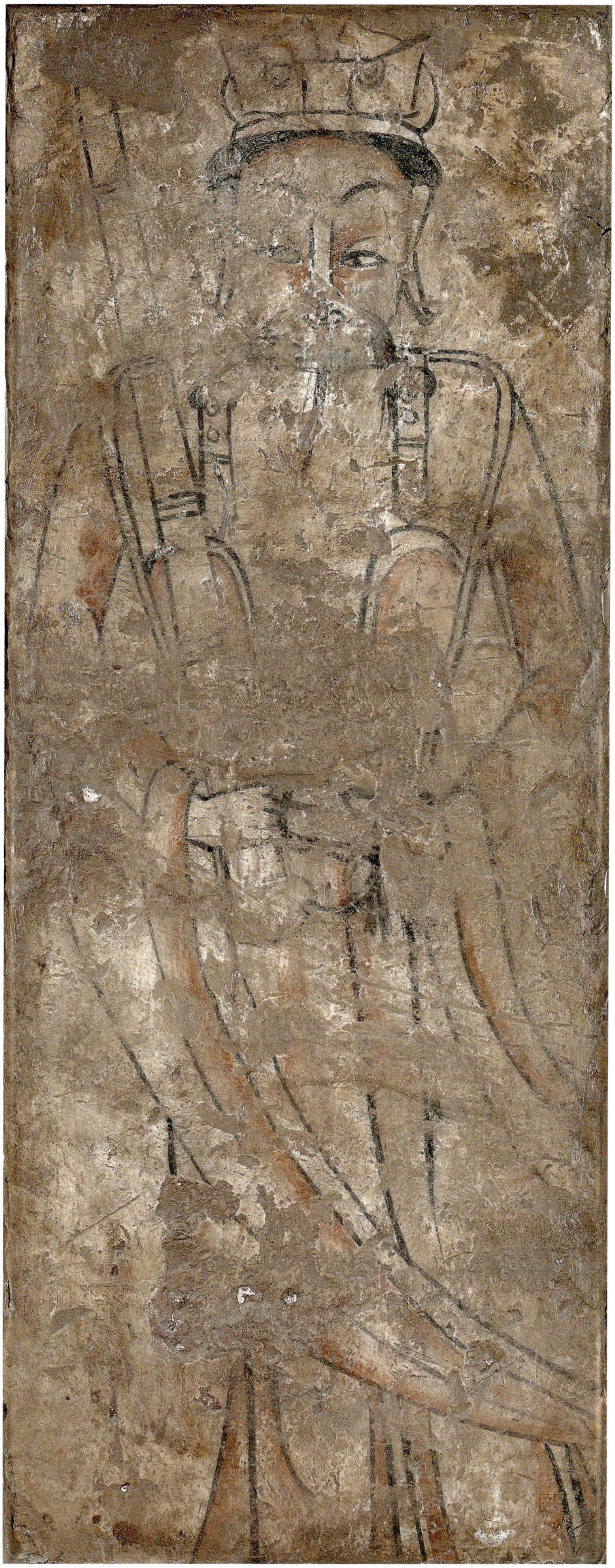

75 持刀武士壁画

Mural of a Warrior Holding a Saber

北周天和四年（公元 569 年）
1983 年宁夏固原县南郊乡深沟村李贤夫妇合葬墓出土
纵 141.0 厘米，横 49.0 厘米
宁夏固原博物馆藏

4th year of the Tianhe era (569 CE), Northern Zhou
Unearthed from the tomb of Li Xian and his wife in Shengou Village, Nanjiao Township, Guyuan County, Ningxia in 1983
Length 141.0 cm, width 49.0 cm
The Guyuan Museum of Ningxia

76 执团扇侍女壁画

Mural of a Maid Holding a Circular Fan

北周天和四年（公元 569 年）
1983 年宁夏固原县南郊乡深沟村李贤夫妇合葬墓出土
人物高 146.0 厘米
宁夏固原博物馆藏

4th year of the Tianhe era (569 CE), Northern Zhou
Unearthed from the tomb of Li Xian and his wife in Shengou Village, Nanjiao Township, Guyuan County, Ningxia in 1983
Height of figure 146.0 cm
The Guyuan Museum of Ningxia

侍女面相丰满，高发髻，大耳垂肩，身着宽袖衫。左手执团扇，右手握物屈至上腹前。

77 击鼓伎乐壁画

Mural of a Musician Playing a Drum

北周天和四年（公元 569 年）
1983 年宁夏固原县南郊乡深沟村李贤夫妇合葬墓出土
人物高 146.0 厘米
宁夏固原博物馆藏

4th year of the Tianhe era (569 CE), Northern Zhou
Unearthed from the tomb of Li Xian and his wife in Shengou Village, Nanjiao Township, Guyuan County, Ningxia in 1983
Height of figure 146.0 cm
The Guyuan Museum of Ningxia

乐女头部左侧稍残，高发髻，眉目清秀，长颈，身着宽袖衫，腰束带。右侧画一鼓，双手执槌作击鼓状，头向左偏转，神情自若洒脱。

78 侍女壁画

Mural of a Maid

北周天和四年（公元 569 年）
1983 年宁夏固原县南郊乡深沟村李贤夫妇合葬墓出土
纵 56.0 厘米，横 56.0 厘米
宁夏固原博物馆藏

4th year of the Tianhe era (569 CE), Northern Zhou
Unearthed from the tomb of Li Xian and his wife in Shengou Village, Nanjiao Township, Guyuan County, Ningxia in 1983
Length 56.0 cm, width 56.0 cm
The Guyuan Museum of Ningxia

侍女梳双高发髻，面相丰腴饱满，大耳垂肩，双目前视，眉清目秀。身着高领衣，色彩艳丽。

79 陶镇墓兽

Pottery Tomb Guardian Beasts

北周天和四年（公元 569 年）
1983 年宁夏固原县南郊乡深沟村李贤夫妇合葬墓出土
长 14.5 厘米，高 7.0 厘米；长 18.5 厘米，高 8.5 厘米
宁夏固原博物馆藏

4th year of the Tianhe era (569 CE), Northern Zhou
Unearthed from the tomb of Li Xian and his wife in Shengou Village, Nanjiao Township, Guyuan County, Ningxia in 1983
Length 14.5 cm, height 7.0 cm; length 18.5 cm, height 8.5 cm
The Guyuan Museum of Ningxia

泥质灰陶，两件造型基本一致。独角，昂首，仰视，作匍匐状。怒目圆睁，口露獠牙，形象十分狰狞，面部以墨线勾勒。

80 陶镇墓武士俑

Pottery Figurine of a Tomb Guardian Warrior

北周天和四年（公元 569 年）
1983 年宁夏固原县南郊乡深沟村李贤夫妇合葬墓出土
高 18.2 厘米
宁夏固原博物馆藏

4th year of the Tianhe era (569 CE), Northern Zhou
Unearthed from the tomb of Li Xian and his wife in Shengou Village, Nanjiao Township, Guyuan County, Ningxia in 1983
Height 18.2 cm
The Guyuan Museum of Ningxia

泥质灰陶。大眼，阔口，绘有须。头戴兜鍪，身着铠甲，甲片以墨线勾勒，边缘涂红。右臂下垂，左臂屈于胸前，手作执物状，拳心有孔。通体施白。

81 陶镇墓武士俑

Pottery Figurine of a Tomb Guardian Warrior

北周天和四年（公元 569 年）
1983 年宁夏固原县南郊乡深沟村李贤夫妇合葬墓出土
高 19.2 厘米
宁夏固原博物馆藏

4th year of the Tianhe era (569 CE), Northern Zhou
Unearthed from the tomb of Li Xian and his wife in Shengou Village, Nanjiao Township, Guyuan County, Ningxia in 1983
Height 19.2 cm
The Guyuan Museum of Ningxia

泥质灰陶。头戴尖顶兜鍪，中起脊棱，前有冲角，两侧有护耳。身着铠甲，肩加披膊，下裹裙。右臂下垂，左臂屈于胸前，手作执物状，拳心有孔。通体施白色。

82 陶具装甲骑俑

Pottery Figurines of Armored Soldiers on Horseback

北周天和四年（公元 569 年）
1983 年宁夏固原县南郊乡深沟村李贤夫妇合葬墓出土
高 17.5 厘米
宁夏固原博物馆藏

4th year of the Tianhe era (569 CE), Northern Zhou
Unearthed from the tomb of Li Xian and his wife in Shengou Village, Nanjiao Township, Guyuan County, Ningxia in 1983
Height 17.5 cm
The Guyuan Museum of Ningxia

泥质灰陶。武士头戴尖顶兜鍪，中起脊棱，额前伸出冲角，两侧有护耳。身穿铠甲，外披黑色风衣。两臂弯至胸前，双手作持物状，左拳心有孔。马身披铠甲，甲片以墨线勾勒，背上有鞍，垂首呈站立姿势。

83 陶吹奏骑俑

Pottery Figurines of Musicians Playing Wind Instruments on Horseback

北周天和四年（公元 569 年）
1983 年宁夏固原县南郊乡深沟村李贤夫妇合葬墓出土
高 15.2 厘米；高 15.2 厘米；高 15.0 厘米；高 15.5 厘米
宁夏固原博物馆藏

4th year of the Tianhe era (569 CE), Northern Zhou
Unearthed from the tomb of Li Xian and his wife in Shengou Village, Nanjiao Township, Guyuan County, Ningxia in 1983
Height 15.2 cm; height 15.2 cm; height 15.0 cm; height 15.5 cm
The Guyuan Museum of Ningxia

泥质灰陶。人物头戴黑色风帽，身着大交领宽袖长衣。右手置腹间，左手持乐器，鼓腮作吹奏状。马头较小，颈短肥，腿部粗壮，垂首呈站立姿势。通体施褐色，以黑色勾勒细部，辔鞍俱备。

84 陶风帽俑

Pottery Figurines of People Wearing Hoods

北周天和四年（公元 569 年）
1983 年宁夏固原县南郊乡深沟村李贤夫妇合葬墓出土
高 13.6 厘米；高 13.0 厘米
宁夏固原博物馆藏

4th year of the Tianhe era (569 CE), Northern Zhou
Unearthed from the tomb of Li Xian and his wife in Shengou Village, Nanjiao Township, Guyuan County, Ningxia in 1983
Height 13.6 cm; height 13.0 cm
The Guyuan Museum of Ningxia

泥质灰陶。头戴风帽，内穿圆领衫，外披褐色风衣，下着裤，足蹬靴。双手置胸腹间作持物状。两臂弯处各有一插孔。

85 陶武官俑

Pottery Figurines of Military Officers

北周天和四年（公元 569 年）
1983 年宁夏固原县南郊乡深沟村李贤夫妇合葬墓出土
高 12.7 厘米；高 12.8 厘米
宁夏固原博物馆藏

4th year of the Tianhe era (569 CE), Northern Zhou
Unearthed from the tomb of Li Xian and his wife in Shengou Village, Nanjiao Township, Guyuan County, Ningxia in 1983
Height 12.7 cm; height 12.8 cm
The Guyuan Museum of Ningxia

泥质灰陶。头戴黑色小冠，身着圆领长袍，外罩裲裆甲，双手拱于胸前，两臂弯处各有一圆孔。

86 陶笼冠俑

Pottery Figurines of People Wearing *Longguan* ("basket hats")

北周天和四年（公元 569 年）
1983 年宁夏固原县南郊乡深沟村李贤夫妇合葬墓出土
高 12.9 厘米；高 14.0 厘米
宁夏固原博物馆藏

4th year of the Tianhe era (569 CE), Northern Zhou
Unearthed from the tomb of Li Xian and his wife in Shengou Village, Nanjiao Township, Guyuan County, Ningxia in 1983
Height 12.9 cm; height 14.0 cm
The Guyuan Museum of Ningxia

泥质灰陶。头戴黑色笼冠，细部用墨线描绘。身穿交领大袖衫，外着长裙，腰束彩带。双手屈于胸前，有插孔。

87 陶文吏俑

Pottery Figurines of Civil Officials

北周天和四年（公元 569 年）
1983 年宁夏固原县南郊乡深沟村李贤夫妇合葬墓出土
高 12.6 厘米；高 12.2 厘米
宁夏固原博物馆藏

4th year of the Tianhe era (569 CE), Northern Zhou
Unearthed from the tomb of Li Xian and his wife in Shengou Village, Nanjiao Township, Guyuan County, Ningxia in 1983
Height 12.6 cm; height 12.2 cm
The Guyuan Museum of Ningxia

泥质灰陶。头戴黑色小冠，身着交领长袖袴褶服，腰束带。左手置腹际，右手屈于胸前，拳心有孔，作持物状。

88 陶胡俑

Pottery Figurines of *Hu* (“barbarian”) People

北周天和四年（公元 569 年）
1983 年宁夏固原县南郊乡深沟村李贤夫妇合葬墓出土
高 12.8 厘米；高 12.7 厘米
宁夏固原博物馆藏

4th year of the Tianhe era (569 CE), Northern Zhou
Unearthed from the tomb of Li Xian and his wife in Shengou Village, Nanjiao Township, Guyuan County, Ningxia in 1983
Height 12.8 cm; height 12.7 cm
The Guyuan Museum of Ningxia

泥质灰陶。深目高鼻，头发卷曲。内穿宽领衫，外披红色风衣。双手置腹间作持物状。两臂弯处各有一插孔。

89 陶侍女俑

Pottery Figurines of Maids

北周天和四年（公元 569 年）
1983 年宁夏固原县南郊乡深沟村李贤夫妇合葬墓出土
高 12.8 厘米；高 12.7 厘米
宁夏固原博物馆藏

4th year of the Tianhe era (569 CE), Northern Zhou
Unearthed from the tomb of Li Xian and his wife in Shengou Village, Nanjiao Township, Guyuan County, Ningxia in 1983
Height 12.8 cm; height 12.7 cm
The Guyuan Museum of Ningxia

泥质灰陶。头戴黑色小冠，身着交领宽袖长衫，腰束带。双手置胸前，作持物状。

90 玉佩

Jade Pendant

北周建德四年（公元 575 年）
1996 年宁夏固原县西郊乡大堡村
田弘夫妇合葬墓出土
长 11.8 厘米，宽 6.0 厘米
宁夏固原博物馆藏

4th year of the Jiande era (575 CE),
Northern Zhou
Unearthed from the tomb of Tian Hong and his wife in Dabu Village, Xijiao Township, Guyuan County, Ningxia in 1996
Length 11.8 cm, width 6.0 cm
The Guyuan Museum of Ningxia

略呈半圆形，边沿有四个穿孔，表面腐蚀氧化成粉末状。

91 玉环

Jade Ring

北周建德四年（公元 575 年）
1996 年宁夏固原县西郊乡大堡村
田弘夫妇合葬墓出土
外径 6.9 厘米，内径 3.0 厘米
宁夏固原博物馆藏

4th year of the Jiande era (575 CE),
Northern Zhou
Unearthed from the tomb of Tian Hong and his wife in Dabu Village, Xijiao Township, Guyuan County, Ningxia in 1996
Outer diameter 6.9 cm, inner diameter 3.0 cm
The Guyuan Museum of Ningxia

圆形，环体厚度均匀，表面腐蚀氧化呈白色粉末状。环体上有对称的四个穿孔，孔径大小基本一致。

92 玉璜

Jade *Huang* ("arc")

北周建德四年（公元 575 年）
1996 年宁夏固原县西郊乡大堡村
田弘夫妇合葬墓出土
外径 7.8 厘米
宁夏固原博物馆藏

4th year of the Jiande era (575 CE),
Northern Zhou
Unearthed from the tomb of Tian Hong and his wife in Dabu Village, Xijiao Township, Guyuan County, Ningxia in 1996
Outer diameter 7.8 cm
The Guyuan Museum of Ningxia

呈扁平半环形，两端有圆形穿孔。每件大小、厚度和穿孔略有差异。整器表面腐蚀氧化成粉末状，厚度从中间向边缘逐渐变薄。

93 玉璜

Jade *Huang* ("arc")

北周建德四年（公元 575 年）
1996 年宁夏固原县西郊乡大堡村
田弘夫妇合葬墓出土
外径 7.8 厘米
宁夏固原博物馆藏

4th year of the Jiande era (575 CE),
Northern Zhou
Unearthed from the tomb of Tian Hong and his wife in Dabu Village, Xijiao Township, Guyuan County, Ningxia in 1996
Outer diameter 7.8 cm
The Guyuan Museum of Ningxia

94 玉佩

Jade Pendant

北周建德四年（公元 575 年）
1996 年宁夏固原县西郊乡大堡村田弘夫妇合葬墓出土
长 13.5 厘米，宽 6.0 厘米
宁夏固原博物馆藏

4th year of the Jiande era (575 CE), Northern Zhou
Unearthed from the tomb of Tian Hong and his wife in Dabu Village, Xijiao Township, Guyuan County, Ningxia in 1996
Length 13.5 cm, width 6.0 cm
The Guyuan Museum of Ningxia

形状呈扁平的梯形，厚度基本一致，边缘磨制圆钝，上部中间有穿孔。

95 环首铁刀

Iron Saber with a Ring at the End of Its Handle

北周天和四年（公元 569 年）
1983 年宁夏固原县南郊乡深沟村李贤夫妇合葬墓出土
长 86.0 厘米
宁夏固原博物馆藏

4th year of the Tianhe era (569 CE), Northern Zhou
Unearthed from the tomb of Li Xian and his wife in Shengou Village, Nanjiao Township, Guyuan County, Ningxia in 1983
Length 86.0 cm
The Guyuan Museum of Ningxia

环首，刀柄包银，木质刀鞘，外涂褐色漆，刀鞘包银，鞘上有一对附耳，亦为银质。铁刀单面刃，年久锈蚀，不能拔出刀鞘。

96 龟形铜灶

Tortoise-shaped Bronze Stove

北魏（公元 386 年—534 年）
1981 年宁夏固原县西郊乡雷祖庙村北魏墓出土
高 17.3 厘米，长 20.0 厘米
宁夏固原博物馆藏

Northern Wei (386–534 CE)
Unearthed from the Northern Wei tomb in Leizumiao Village, Xijiao Township, Guyuan County, Ningxia in 1981
Height 17.3 cm, length 20.0 cm
The Guyuan Museum of Ningxia

整个器物由三部分组成。底部为灶，灶上附釜，釜上为甑。灶作龟形，斜伸的龟颈和张嘴的龟首为烟囱，龟身作灶身，龟尾作为灶门。釜为直沿束口，圆鼓腹。甑窄平沿口，上腹两侧有对称的兽面纹铺首衔环，下腹内收，有箅。整个器物构思精巧，造型别致。

97 龙首铜镳斗

Bronze *Jiaodou* ("cooking utensil") with a Dragon-head-shaped Handle

北魏（公元 386 年—534 年）
1981 年宁夏固原县西郊乡雷祖庙村北魏墓出土
高 24.0 厘米，口径 18.2 厘米
宁夏固原博物馆藏

Northern Wei (386–534 CE)
Unearthed from the Northern Wei tomb in Leizumiao Village, Xijiao Township, Guyuan County, Ningxia in 1981
Height 24.0 cm, diameter of rim 18.2 cm
The Guyuan Museum of Ningxia

侈口窄沿，折沿外撇。浅腹，圆形凹底，足外撇。柄作弧形龙首，造型生动。器物外腹、底部及三足均有烟炱痕迹。

胡风西来

南北朝时期，固原作为丝绸之路东段北道重镇，不同文化的交流互动在此发生。固原雷祖庙村北魏墓、北周李贤夫妇合葬墓、田弘夫妇合葬墓出土诸多来自中亚、西亚等地的珍贵文物，是这一时期中西贸易往来的重要见证。

成书于北朝的《洛阳伽蓝记》这样描述当时中西交往的盛况："自葱岭以西，至于大秦，百国千城，莫不欢附，商胡贩客，日奔塞下。"丝绸之路的兴旺畅通带来了许多异域奇珍。李贤墓出土鎏金银壶，是波斯萨珊系金银器在我国的重大发现，其图案内容与工艺水平在世界现存萨珊系金银器中都极为罕见；同墓出土的凸钉玻璃碗是萨珊玻璃器中的精品。固原雷祖庙村北魏墓出土透雕铜铺首，饰有神人控驭双龙图像，是西亚青铜文化与汉文化相融合的体现。田弘墓出土东罗马金币、雷祖庙村北魏墓出土萨珊银币，印证了这一时期频繁的贸易往来。

Influence from the *Hu* Peoples in the West

During the Northern and Southern dynasties, Guyuan, a key stronghold along the northern route of the eastern section of the Silk Roads, became a site of vibrant cultural interaction. Numerous precious artifacts unearthed from such sites as the Northern Wei tomb in Leizumiao Village and the Northern Zhou tombs of Li Xian and his wife and of Tian Hong and his wife demonstrate active trade between Guyuan and Central and Western Asia, serving as vital evidence of East-West exchanges in this era.

Such flourishing contact is described in *Luoyang Qielan Ji* ("Records of Buddhist Monasteries in Luoyang"), a book written during the Northern dynasties: "From west of Congling (the Pamir Mountains) to Daqin (the Roman Empire), hundreds of states and thousands of cities all pledged allegiance; *Hu* ("barbarian") merchants and traveling traders hurried to the border day after day." The prosperity of Silk Roads commerce brought many exotic treasures to the central kingdom. Among them, a gilded silver ewer unearthed from the tomb of Li Xian is a major discovery of Sasanian Persian metalwork in China. Its motif and craftsmanship are extremely rare among extant Sasanian artifacts worldwide. A studded glass bowl from the same tomb is also a fine example of Sasanian glassware. Bronze knockers carved in openwork from the Northern Wei tomb in Leizumiao Village, featuring images of a deity taming two dragons, showcase the fusion of West Asian bronze art with traditions of the Han Chinese. Furthermore, the gold coins from the Eastern Roman Empire found in the tomb of Tian Hong and the Sasanian silver coins unearthed from the Northern Wei tomb in Leizumiao Village reflect the frequent trade interactions of the day.

98 彩绘陶骆驼

Painted Pottery Camel

北周保定五年（公元 565 年）
1993 年宁夏固原县南郊乡王涝坝村宇文猛墓出土
高 17.3 厘米
宁夏固原博物馆藏

5th year of the Baoding era (565 CE), Northern Zhou
Unearthed from the tomb of Yuwen Meng in Wanglaoba Village, Nanjiao Township, Guyuan County, Ningxia in 1993
Height 17.3 cm
The Guyuan Museum of Ningxia

泥质灰陶。由手工制作而成，空心。通体施褐彩。昂首站立，双峰驼物。

99 彩绘陶马

Painted Pottery Horse

北周天和四年（公元 569 年）
1983 年宁夏固原县南郊乡深沟村李贤夫妇合葬墓出土
高 14.0 厘米，长 16.6 厘米
宁夏固原博物馆藏

4th year of the Tianhe era (569 CE), Northern Zhou
Unearthed from the tomb of Li Xian and his wife in Shengou Village, Nanjiao Township, Guyuan County, Ningxia in 1983
Height 14.0 cm, length 16.6 cm
The Guyuan Museum of Ningxia

彩绘陶。体形雄健，低首作嘶鸣状，备有鞍、障泥等。原施有红、黑色，现多脱落。

100 陶骆驼

Pottery Camel

北周天和四年（公元 569 年）
1983 年宁夏固原县南郊乡深沟村李贤夫妇合葬墓出土
高 18.4 厘米，长 20.5 厘米
宁夏固原博物馆藏

4th year of the Tianhe era (569 CE), Northern Zhou
Unearthed from the tomb of Li Xian and his wife in Shengou Village, Nanjiao Township, Guyuan County, Ningxia in 1983
Height 18.4 cm, length 20.5 cm
The Guyuan Museum of Ningxia

泥质灰陶。由手工捏制而成，空心。通体施褐彩。昂首站立，双峰，峰间驼一囊带。

101 东罗马金币

Gold Coin from the Eastern Roman Empire

公元 457 年—474 年
1996 年宁夏固原县西郊乡大堡村田弘夫妇合葬墓出土
径 1.54 厘米，重 2.6 克
宁夏固原博物馆藏

457–474 CE
Unearthed from the tomb of Tian Hong and his wife in Dabu Village, Xijiao Township, Guyuan County, Ningxia in 1996
Diameter 1.54 cm, weight 2.6 g
The Guyuan Museum of Ningxia

东罗马皇帝列奥一世（Leo I，the Thracian，公元 457 年—474 年在位）金币。左右各有两个孔。田弘棺内腰骨左侧出土。正面铭文：DNLEOPE/RPETAVG，即 DN（Dominus Noster，我们的主宰）LEO（Leo I，列奥一世）PERPETAVG（perpetuus Augustorum，永远的皇帝）；背面铭文：VICTORI/AAVGGGI/CONOB，即 VICTORIA（胜利）AVGGG（皇帝们）I（发行所记号），CON（君士坦丁堡），OB（印记）。

102 东罗马金币

Gold Coin from the Eastern Roman Empire

公元 518 年—527 年
1996 年宁夏固原县西郊乡大堡村田弘夫妇合葬墓出土
径 1.67 厘米，重 2.9 克
宁夏固原博物馆藏

518–527 CE
Unearthed from the tomb of Tian Hong and his wife in Dabu Village, Xijiao Township, Guyuan County, Ningxia in 1996
Diameter 1.67 cm, weight 2.9 g
The Guyuan Museum of Ningxia

东罗马皇帝查世丁一世（Justin I，公元 518 年—527 年在位）金币。有三孔，田弘棺内左锁骨下出土。正面铭文：DNIVSTI/（NVSPPAV），即 DN（Dominus Noster，我们的主宰）IVSTINVS（Justin，查士丁一世）PPAV（perpetuus Augustorum，永远的皇帝）；背面铭文：VICTORIA/AAVGGGI/CON，即 VICTORIA（胜利）AVGGG（皇帝们）I（发行所记号），CON（君士坦丁堡）。

103 东罗马金币

Gold Coin from the Eastern Roman Empire

公元 527 年
1996 年宁夏固原县西郊乡大堡村田弘夫妇合葬墓出土
径 1.62 厘米，重 2.6 克
宁夏固原博物馆藏

527 CE
Unearthed from the tomb of Tian Hong and his wife in Dabu Village, Xijiao Township, Guyuan County, Ningxia in 1996
Diameter 1.62 cm, weight 2.6 g
The Guyuan Museum of Ningxia

东罗马皇帝查士丁尼一世摄政期（Justinian I，the Great，co-regent，公元 527 年）的查士丁—查士丁尼共治金币。有四孔，田弘棺内头部右侧出土。正面铭文：DNIVS/TINVS □ TIVS/TINIANVSPPAVG/CONOB，即 DN（Dominus Noster，我们的主宰）IVSTINVS（Justin I，查士丁一世）□ T（和）IVSTINIANVS（Justinian I，查士丁尼一世）PPAVG（perpetuus Augustorum，永远的皇帝）；背面铭文：VICTORI/AAVGGGI/CONOB，即 VICTORIA（胜利）AVGGG（皇帝们）I（发行所记号），CON（君士坦丁堡），OB（印记）。

104 东罗马金币

Gold Coin from the Eastern Roman Empire

公元 527 年
1996 年宁夏固原县西郊乡大堡村田弘夫妇合葬墓出土
径 1.62 厘米，重 3.3 克
宁夏固原博物馆藏

527 CE
Unearthed from the tomb of Tian Hong and his wife in Dabu Village, Xijiao Township, Guyuan County, Ningxia in 1996
Diameter 1.62 cm, weight 3.3 g
The Guyuan Museum of Ningxia

东罗马皇帝查士丁尼一世摄政期（Justinian I，the Great，co-regent，公元 527 年）的查士丁—查士丁尼共治金币。有三孔，田弘棺盖上出土。正面铭文：（DNIV）STIN/TIVSTINAN-VSPPAVG/CONOB，即 DN（Dominus Noster，我们的主宰）IVSTIN（Justin I，查士丁一世）□ T（和）IVSTINIAN（Justinian I，查士丁尼一世）PPAVG（perpetuus Augustorum，永远的皇帝）；背面铭文：VICTO（RI）/AAVGGGS/CONO，即 VICTORIA（胜利）AVGGG（皇帝们）S（发行所记号），CON（君士坦丁堡），OB（印记）。

105 东罗马金币

Gold Coin from the Eastern Roman Empire

公元 527 年—565 年
1996 年宁夏固原县西郊乡大堡村田弘夫妇合葬墓出土
径 1.65 厘米，重 2.5 克
宁夏固原博物馆藏

527–565 CE
Unearthed from the tomb of Tian Hong and his wife in Dabu Village, Xijiao Township, Guyuan County, Ningxia in 1996
Diameter 1.65 cm, weight 2.5 g
The Guyuan Museum of Ningxia

东罗马皇帝查士丁尼一世大帝期（Justinian I，the Great，527—565 年在位）金币。田弘棺内头盖骨旁出土。正面铭文：DNIVSTINI/ANVSPPAVI，即 DN（Dominus Noster，我们的主宰）IVSTINIANVS（Justinian I，查士丁尼一世）PPAVI（perpetuus Augustorum，永远的皇帝）；背面铭文：（VICTORI）/AAVGGGA/CONOB，即 VICTORIA（胜利）AVGGG（皇帝们）A（发行所记号），CON（君士坦丁堡），OB（印记）。

106 萨珊银币

Silver Coin from the Sassanid Empire

公元 457 年—484 年
1981 年宁夏固原县西郊乡雷祖庙村北魏墓出土
径 2.7 厘米，重 3.5 克
宁夏固原博物馆藏

457–484 CE
Unearthed from the Northern Wei tomb in Leizumiao Village, Xijiao Township, Guyuan County, Ningxia in 1981
Diameter 2.7 cm, weight 3.5 g
The Guyuan Museum of Ningxia

外轮廓不甚规则，正面有一周联珠纹边框，中为萨珊王卑路斯侧面肖像，王冠下部有一周联珠纹边饰，中部与后部有雉堞装饰物，前部有一新月，冠顶有一双翼状物翘起，再上有一新月，新月托一圆球。肖像前部自下而上有半周铭文，但多已模糊不清。背面亦有一周联珠纹边框，中央为拜火教祭坛，祭坛下部为三级台座、台上立一圆柱，柱系缎带，缎带两端下垂，祭坛上燃有火焰。火焰由小圆点组成三角状，火焰右侧有一新月，左侧有一五角星。祭坛两面相对站着两个祭司，作拱手状。铭文多数已模糊不清，不易辨认。

107 萨珊银币

Silver Coin from the Sassanid Empire

公元 590 年—628 年
2010 年宁夏彭阳县新集乡姚河村海子塬出土
径 3.1 厘米
彭阳县博物馆藏

590–628 CE
Unearthed from Haiziyuan, Yaohe Village, Xinji Township, Pengyang County, Ningxia in 2010
Diameter 3.1 cm
Pengyang County Museum, Guyuan, Ningxia

正面两周锯齿状联珠纹，中间为面朝右的戴冠王像，冠顶有双翼张开，联珠纹外饰有新月抱一六角星，呈四等分布置，王像耳后侧垂球状发髻，中填充若干小圆珠，耳下垂珠，项戴串珠，胸佩璎珞，髭须上为小圆点。肩上前后各一条向上扬起的飘带。自冠后至王像胸前顺时针一周有帕勒维文铭文，币文为“祝愿库思老繁荣昌盛”，币缘右下方铭文为“赞美”之意。银币背面饰锯齿状联珠纹三周，联珠框外上下左右四面中央各有一新月抱星纹，中为祭坛，祭坛台上为一圆柱，柱系缎带，缎带飘向斜上方。祭坛上燃着熊熊圣火，左上一六角形，右上为一弯月，祭坛两侧各有一祭司，肩上有一条向上飘起的条带，祭司面向前方，双手拄剑而立。

108 金戒指

Gold Finger Ring

北周天和四年（公元 569 年）
1983 年宁夏固原县南郊乡深沟村李贤夫妇合葬墓出土
外径 2.4 厘米，内径 1.75 厘米
宁夏固原博物馆藏

4th year of the Tianhe era (569 CE), Northern Zhou
Unearthed from the tomb of Li Xian and his wife in Shengou Village, Nanjiao Township, Guyuan County, Ningxia in 1983
Outer diameter 2.4 cm, inner diameter 1.75 cm
The Guyuan Museum of Ningxia

环状，界面正中镶嵌一块圆形平面的蓝色青金石，石面上雕刻一人物，双手持一弧形花环。

109 金环

Gold Ring

北魏（公元 386 年—534 年）
1984 年宁夏彭阳县新集乡石洼村北魏墓出土
径 3.2 厘米
宁夏固原博物馆藏

Northern Wei (386–534 CE)
Unearthed from the Northern Wei tomb in Shiwa Village, Xinji Township, Pengyang County, Ningxia in 1984
Diameter 3.2 cm
The Guyuan Museum of Ningxia

圆环形，粗细均匀。

110 金项饰

Gold Necklace

北魏（公元 386 年—534 年）
1987 年宁夏固原县寨科乡李岔村北魏墓出土
宽 12.0 厘米
宁夏固原博物馆藏

Northern Wei (386–534 CE)
Unearthed from the Northern Wei tomb in Licha Village, Zhaike Township, Guyuan County, Ningxia in 1987
Width 12.0 cm
The Guyuan Museum of Ningxia

用 0.5 毫米厚的金箔卷制而成，较粗糙。

111 嵌松石金耳环

Turquoise-inlaid Gold Earrings

北魏（公元 386 年—534 年）
1991 年宁夏固原县三营乡化平村北魏墓出土
径 4.8 厘米；径 4.8 厘米
宁夏固原博物馆藏

Northern Wei (386–534 CE)
Unearthed from the Northern Wei tomb in Huaping Village, Sanying Township, Guyuan County, Ningxia in 1991
Diameter 4.8 cm; diameter 4.8 cm
The Guyuan Museum of Ningxia

椭圆形，大小不一。环两侧及正面嵌绿松石，错位排列，数量不等。

112 象牙簪

Ivory Hairpin

北魏（公元 386 年—534 年）
1984 年宁夏彭阳县新集乡石洼村北魏墓出土
长 8.5 厘米
宁夏固原博物馆藏

Northern Wei (386–534 CE)
Unearthed from the Northern Wei tomb in Shiwa Village, Xinji Township, Pengyang County, Ningxia in 1984
Length 8.5 cm
The Guyuan Museum of Ningxia

乳白色，质地坚硬，表面光洁。锥状，上端为正方体，下端尖细。

113 玻璃珠串饰

Glass beading

北周建德四年（公元 575 年）
1996 年宁夏固原县西郊乡大堡村田弘夫妇合葬墓出土
周长 55.0 厘米
宁夏固原博物馆藏

4th year of the Jiande era (575 CE), Northern Zhou
Unearthed from the tomb of Tian Hong and his wife in Dabu Village, Xijiao Township, Guyuan County, Ningxia in 1996
Perimeter 55.0 cm
The Guyuan Museum of Ningxia

由不同颜色的玻璃珠串联而成。中间有圆形穿孔，颜色有深蓝、黄色、翠绿等颜色。玻璃珠串饰通体呈蓝色，手工磨制而成，表面光滑，为装饰品。

114 鎏金银壶

Gilded Silver Ewer

北周天和四年（公元569年）
1983年宁夏固原县南郊乡深沟村李贤夫妇合葬墓出土
高37.5厘米，最大腹径12.8厘米
宁夏固原博物馆藏

4th year of the Tianhe era (569 CE), Northern Zhou
Unearthed from the tomb of Li Xian and his wife in Shengou Village, Nanjiao Township, Guyuan County, Ningxia in 1983
Height 37.5 cm, maximum diameter of belly 12.8 cm
The Guyuan Museum of Ningxia

长颈，鸭嘴状流，上腹细长，下腹圆鼓，单把，高圈足座。壶把两端铸两个兽头与壶身连接。把上方铸一深目高鼻戴盔帽的人头像，面向壶口。颈、腹、底座边缘相连处各饰联珠纹一周。壶身腹部一周打押出三组男女相对的人物图像。从壶把左侧起，第一组为左侧男子发束带，身着短袖衣和短裤，足穿靴。右手拿盾牌，左手持短矛；右侧女子发束带，身着衣裙，披斗篷，转身回顾男子，左手上举持一物，右手抬起，食指指向自己。第二组为右侧男子身着短裙衣和短裤，披斗篷，足穿靴，左手持一物至胸间，右手持一物举至女子面前；女子发束带，披斗篷，身着衣裙，右手在腹前持一物，左手抬起，食指指向自己。第三组为右侧男子头带帽，肩披斗篷，左手握住女子右腕，右手伸出二指托女子下颌；女子发束带，身着衣裙，似披斗篷，左手放在抬起的右膝上。三组人物头发、衣纹用细线刻划，线条简洁流畅。壶腹下部用细线雕刻一周水波纹，水波纹中有两只怪兽相向追逐一条鱼，鱼尾甩出水面。

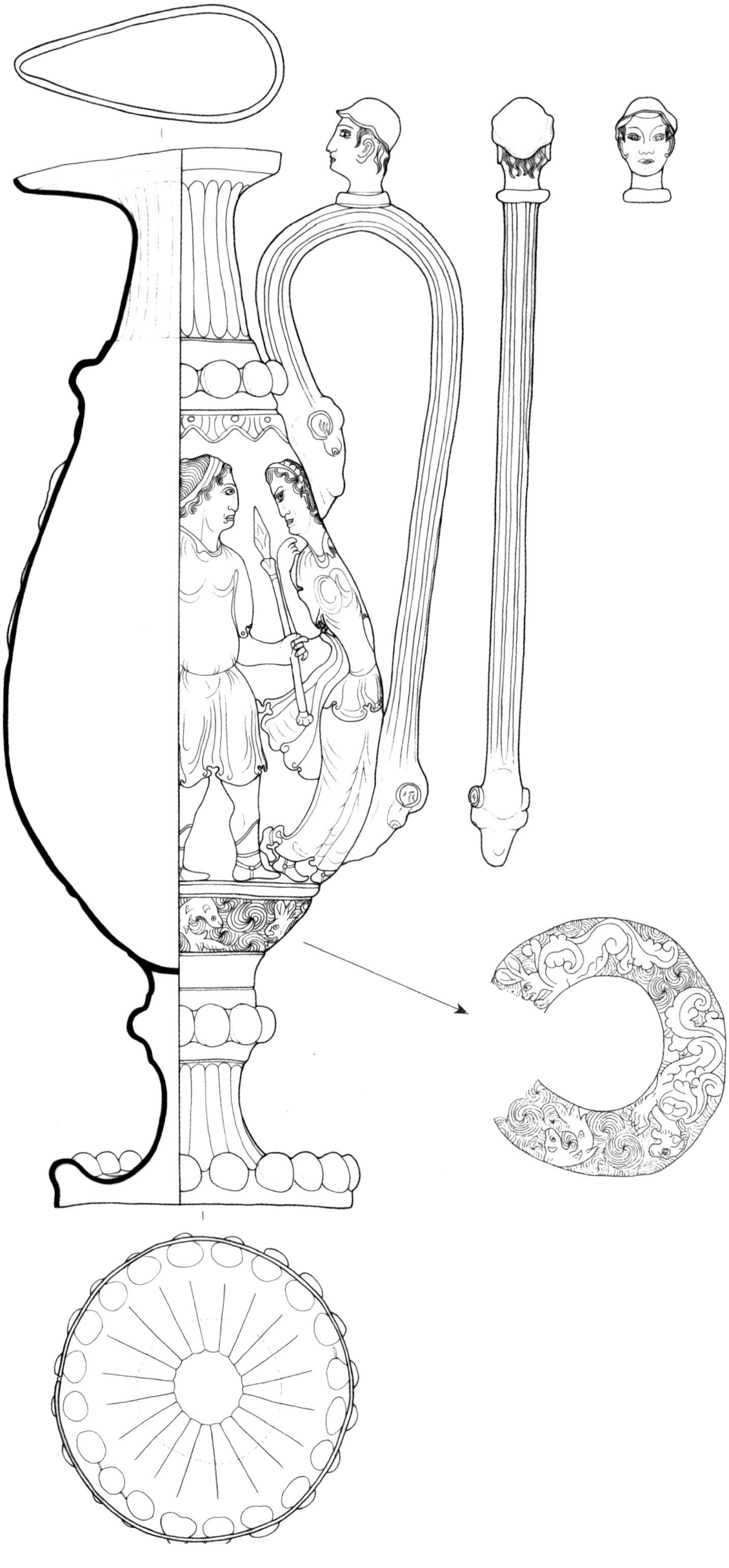

玻璃艺术

玻璃器是古代中国的高级舶来品。西晋时潘尼《琉璃碗赋》言玻璃之美“凝霜不足方其洁，澄水不能喻其清”，“览方贡之彼珍，玮兹碗之独奇，济流沙之绝险，越葱岭之峻危，其由来也阻远”，玻璃碗穿越沙漠，越过葱岭（今帕米尔高原），经丝绸之路从西亚传来。

西汉至北宋期间，地中海沿岸及伊朗高原先后出现了几个世界性的玻璃生产中心，我们与这几个玻璃中心都有着一定的贸易往来。国内考古发现的西方玻璃器皿主要为罗马风格、萨珊风格及伊斯兰风格玻璃制品。

萨珊玻璃是萨珊王朝时期伊朗高原生产的玻璃器，喜用连续的圆形图案装饰，如凹球面磨花、凹面椭圆形磨花。李贤夫妇合葬墓出土凸钉玻璃碗是典型的萨珊风格玻璃制品，其器皿外壁的圆形装饰是凸起的凹球面，外壁有薄层的金黄色风化物，内壁光洁明亮，基本上保留了玻璃原有的色泽和亮度，实属萨珊玻璃器中的珍品。

115 凸钉玻璃碗

Studded Glass Bowl

北周天和四年（公元569年）
1983年宁夏固原县南郊乡深沟村李贤夫妇合葬墓出土
高8.0厘米，口径9.5厘米，最大腹径9.8厘米
宁夏固原博物馆藏

4th year of the Tianhe era (569 CE), Northern Zhou
Unearthed from the tomb of Li Xian and his wife in Shengou Village, Nanjiao Township, Guyuan County, Ningxia in 1983
Height 8.0 cm, diameter of mouth 9.5 cm, maximum diameter of belly 9.8 cm
The Guyuan Museum of Ningxia

直口，矮圈足。内壁光洁，外壁饰以凸起的圆形装饰两周，上下错位排列。整器碧绿色，透明，内含小气泡，分布均匀。使用烧吹技术制造，后利用雕花技术进行腹部、底部凸饰及口缘的整形。

116 玻璃碗

Glass Bowl

唐（公元 618 年—907 年）
高 5.0 厘米，径 13.0 厘米
宁夏固原博物馆藏

Tang (618–907 CE)
Height 5.0 cm, diameter 13.0 cm
The Guyuan Museum of Ningxia

侈口，底部微内凹。壁薄，底部凹饰呈同心圆分布。

117 玻璃瓶

Glass Vase

唐（公元 618 年—907 年）
高 19.0 厘米，宽 8.5 厘米
宁夏固原博物馆藏

Tang (618–907 CE)
Height 19.0 cm, width 8.5 cm
The Guyuan Museum of Ningxia

采用粘接法工艺制作，立体感十足，瓶身呈淡黄色。

118 玻璃碗

Glass Bowl

唐（公元 618 年—907 年）
高 4.3 厘米，径 13.5 厘米
宁夏固原博物馆藏

Tang (618–907 CE)
Height 4.3 cm, diameter 13.5 cm
The Guyuan Museum of Ningxia

侈口圆唇，底部微内凹。壁薄，透明度较好。

119 玻璃瓶

Glass Vase

唐（公元 618 年—907 年）
高 11.5 厘米，径 7.7 厘米
宁夏固原博物馆藏

Tang (618–907 CE)
Height 11.5 cm, diameter 7.7 cm
The Guyuan Museum of Ningxia

整体呈浅绿色，透明度较好，瓶壁较厚，颈部倾斜，瓶身饰网格纹。

120 玻璃瓶

Glass Vase

唐（公元 618 年—907 年）
高 12.0 厘米，径 8.0 厘米
宁夏固原博物馆藏

Tang (618–907 CE)
Height 12.0 cm, diameter 8.0 cm
The Guyuan Museum of Ningxia

圆口长颈，整体呈黄绿色。表面有较厚风化层。

121 玻璃瓶

Glass Vase

唐（公元 618 年—907 年）
高 7.2 厘米，径 2.5 厘米
宁夏固原博物馆藏

Tang (618–907 CE)
Height 7.2 cm, diameter 2.5 cm
The Guyuan Museum of Ningxia

整体呈蓝色，透明度较好。整体细长，上部口沿微外翻，下层底沿微上卷。

122 玻璃瓶

Glass Vase

唐（公元 618 年—907 年）
高 5.3 厘米，径 3.0 厘米
宁夏固原博物馆藏

Tang (618–907 CE)
Height 5.3 cm, diameter 3.0 cm
The Guyuan Museum of Ningxia

整体呈黄绿色，表层风化严重，腹部上大下小，底部微微向内凹，无模自由吹制而成。

123 玻璃瓶
Glass Vase

唐（公元 618 年—907 年）
高 5.2 厘米，径 4.5 厘米
宁夏固原博物馆藏

Tang (618–907 CE)
Height 5.2 cm, diameter 4.5 cm
The Guyuan Museum of Ningxia

整体呈淡绿色，风化较严重。腹部上小下大，底部呈喇叭形。

124 玻璃瓶
Glass Vase

唐（公元 618 年—907 年）
高 5.7 厘米，径 5.0 厘米
宁夏固原博物馆藏

Tang (618–907 CE)
Height 5.7 cm, diameter 5.0 cm
The Guyuan Museum of Ningxia

瓶口壁薄，透明度较好，瓶身风化较严重。无模自由吹制而成。

125 玻璃瓶

Glass Vase

唐（公元 618 年—907 年）
高 5.5 厘米，径 5.0 厘米
宁夏固原博物馆藏

Tang (618–907 CE)
Height 5.5 cm, diameter 5.0 cm
The Guyuan Museum of Ningxia

瓶肩部以上呈淡黄色，腹部饰一周凸棱纹。

126 玻璃瓶

Glass Vase

唐（公元 618 年—907 年）
高 7.7 厘米，径 4.0 厘米
宁夏固原博物馆藏

Tang (618–907 CE)
Height 7.7 cm, diameter 4.0 cm
The Guyuan Museum of Ningxia

淡绿色，由上下两部分组成，上部壁薄，透明度较好，中部饰绞丝纹。无模自由吹制而成。

127 玻璃瓶

Glass Vase

唐（公元 618 年—907 年）
高 9.0 厘米，径 4.8 厘米
宁夏固原博物馆藏

Tang (618–907 CE)
Height 9.0 cm, diameter 4.8 cm
The Guyuan Museum of Ningxia

淡绿色，由上下两部分组成，上部壁薄，透明度较好，中部饰绞丝纹。无模自由吹制而成。

对兽铜饰

对兽造型及神人控驭对兽造型的青铜器，于公元前10世纪至—前9世纪在伊朗高原西部的卢里斯坦地区盛行一时。与固原博物馆收藏的这件对兽形铜杆头饰造型特征基本一致的青铜器，在伊朗的卢里斯坦和中国北方的鄂尔多斯地区均有发现。青铜铺首衔环在商周时期就已出现，固原雷祖庙村北魏漆棺墓出土透雕铜铺首衔环的铺首上方、衔环之中表现有神人控驭对龙形象，而西方神人控驭对兽造型器物中，并没有出现过对龙形象，这体现了当时东西方文化艺术的融合。

128 对兽形铜杆头饰

Pair-of-animals-shaped Bronze Rod Finial

西周（约公元前11世纪—前771年）
高26.5厘米，底径3.0厘米
宁夏固原博物馆藏

Western Zhou (ca. 11th century–771 BCE)
Herght 26.5 cm, diameter of base 3.0 cm
The Guyuan Museum of Ningxia

129 神人驭龙铜铺首衔环

Deity-taming-dragons-shaped
Bronze Knocker with a Ring

北魏（公元 386 年—534 年）
1981 年宁夏固原县西郊乡雷祖庙村北魏墓出土
长 11.2 厘米，宽 10.5 厘米
宁夏固原博物馆藏

Northern Wei (386–534 CE)
Unearthed from the Northern Wei tomb in Leizumiao Village, Xijiao Township, Guyuan County, Ningxia in 1981
Length 11.2 cm, width 10.5 cm
The Guyuan Museum of Ningxia

铺首整体略呈正方形。上中部为透雕。两侧对称饰有二龙，龙头相对，龙尾交错。正中一神人，头梳高髻，着紧身衣，双手叉腰分腿站立于二龙尾。下部兽面大眼圆睁，三角高鼻，双角上翘，下饰有一钩。

130 神人驭龙铜铺首衔环

Deity-taming-dragons-shaped
Bronze Knocker with a Ring

北魏（公元 386 年—534 年）
1981 年宁夏固原县西郊乡雷祖庙村北魏墓出土
长 11.0 厘米，宽 7.5 厘米
宁夏固原博物馆藏

Northern Wei (386–534 CE)
Unearthed from the Northern Wei tomb in Leizumiao Village, Xijiao Township, Guyuan County, Ningxia in 1981
Length 11.0 cm, width 7.5 cm
The Guyuan Museum of Ningxia

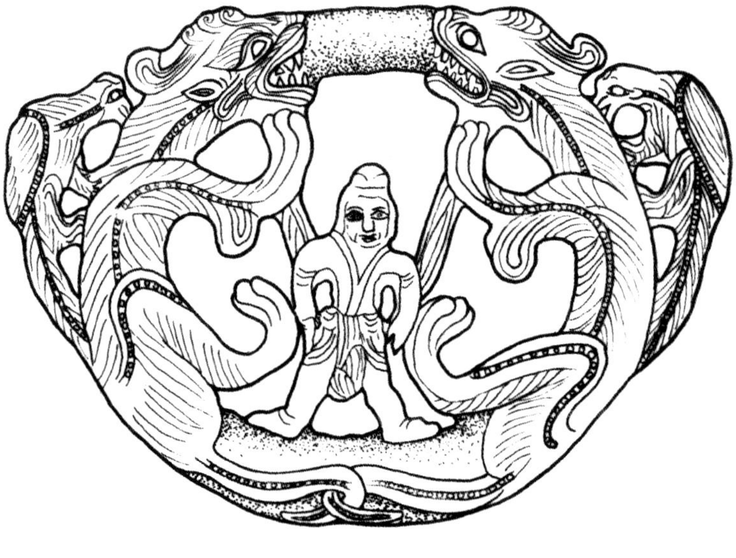

衔环整体呈椭圆形。由双龙交缠构成主体图形。二龙张口吐舌，怒目圆睁，龙尾卷曲。二龙背上各立一凤，喙、爪、尾部均紧贴龙背。正中一人，头梳高髻，身着带风帽服饰，双手插于腰际，两腿分立，肩臂间有天衣缠绕，显得威武有力。

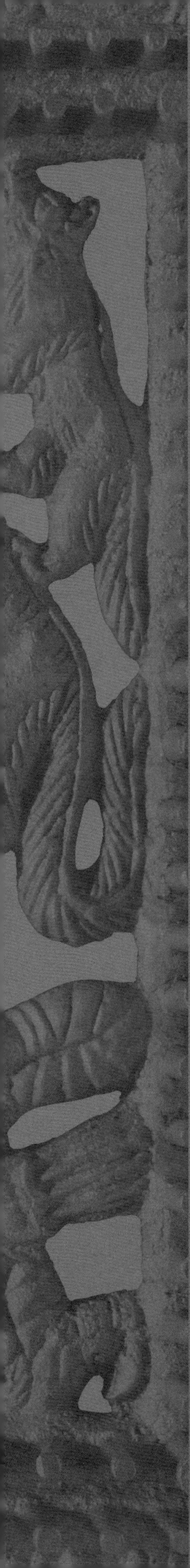

原州风华

Cultural Brilliance of Yuanzhou

隋唐时期，固原称“原州”，原州城内居住着大量入华粟特人。活跃在中亚一带的粟特人，以擅长经商闻名于世，史籍称之为“昭武九姓”。入华粟特人积极参与中原王朝的政治、经济生活，逐渐融入中华民族大家庭。

固原南郊隋唐时期史氏家族墓地，是我国首次发现的粟特人墓群，出土文物表明入华粟特人遵循中原传统丧葬制度，又在一定程度上保留了本民族习俗。史氏家族墓志均以汉文书写；史射勿墓葬壁画线条简洁流畅，人物着装具有典型的中原文化特点；史道德墓出土彩绘陶镇墓武士俑是唐俑造型艺术的体现。这些文物均表现出史氏家族对中华文化的主动认同。而出土的金面饰与口含金币，则是对其中亚人传统葬俗的保留。

入华粟特人的中国化进程，体现了中华文化的强大吸引力，也反映出中华民族开放包容的民族胸怀。

During the Sui and Tang dynasties, Guyuan, known as Yuanzhou, witnessed the immigration of a large number of Sogdians, a Central Asian people renowned for their commercial prowess. Adopting nine Chinese family names, which were referred to as the Nine Surnames of Zhaowu in histories, the Sogdians actively engaged in the political and economic activities of the Central Plains dynasties and gradually integrated into the broader Chinese nation.

The Shi family cemetery of the Sui-Tang era in the southern suburbs of Guyuan marks the first discovery of a Sogdian tomb cluster in China. The unearthed artifacts from the cemetery show that the Sogdians followed the funerary customs of the Central Plains while retaining some of their native traditions. All memorial inscriptions from the cemetery were written in Chinese; Shi Shewu’s tomb mural features smooth and simplistic lines and figures whose clothing bears characteristics of the Central Plains culture; the painted pottery warrior figurines from Shi Daode’s tomb reflect the sculptural artistry of Tang figurines. These artifacts demonstrate the Shi family’s voluntary embrace of Chinese culture. At the same time, items such as gold facial ornaments and gold coins placed in the mouths of the deceased reveal Sogdian burial traditions.

Sinicization of the Sogdians showcases not only the immense appeal of Chinese culture but also the inclusiveness and openness of the Chinese nation.

他乡故园

隋唐时期的原州地区，聚居着一大批史姓粟特人，他们参与当地的政治、经济生活，在这片土地上建功立业，死后又以传统汉制安葬。这些世居原州的粟特人，充当着经贸往来、文化交流的使者。

固原南郊史氏家族墓地出土墓志均采用汉文书写，记载了墓主作为入华粟特人的身份背景。史射勿墓壁画保存较为完整，壁画中武士双手执刀而立，侍者白袍束带，手执笏板，侍女或手执如意，或垂袖于胸前。人物造型生动，服装具有典型的中原文化特点。史道德墓出土彩绘陶镇墓武士俑，造型威武勇猛，形神兼备，展现了唐俑的艺术成就。金银饰件、白瓷器等珍贵文物揭示出史家的显赫地位。具有祆教因素的金覆面、东罗马金币仿制品，则体现了粟特人对其部分传统习俗的保留。

Home in a Foreign Land

During the Sui and Tang dynasties, Yuanzhou (now Guyuan) was home to a large community of Sogdians bearing the surname Shi. These Sogdians actively participated in local political and economic activities, made notable contributions to their adopted homeland, and were ultimately buried there according to Chinese customs. From generation to generation, these residents of Yuanzhou served as vital messengers of commerce and culture.

Memorial inscriptions unearthed from the Shi family cemetery in the southern suburbs of Guyuan, all written in Chinese, clearly identify the tomb occupants as Sogdians who had settled in China. The murals in the tomb of Shi Shewu are relatively well preserved: they depict warriors standing while holding sabers with both hands, attendants dressed in belted white robes holding *hu* ("tablets for recording"), and maids either holding *ruyi* ("making one's wishes come true") scepters or folding their hands before their chests. The figures are vivid in form, and their attire reflects the typical Central Plains fashion. The painted pottery figurines of tomb-guarding warriors from Shi Daode's tomb, with an imposing appearance, exude an air of valour, exemplifying the artistic excellence of Tang figurines. Luxury items such as gold and silver ornaments and white porcelain highlight the Shi family's high social status. The presence of gold masks with Zoroastrian elements, intended to cover the faces of the deceased, and of replicas of coins from the Eastern Roman Empire indicates that the Sogdians retained certain cultural traditions of their own.

史射勿墓志

史氏粟特人家族墓葬出土汉文墓志，是其入华后对于汉文化的主动认同。史射勿墓志反映了北朝至隋代西域移民家族的仕宦轨迹。

墓志开篇，点出其身世："公讳射勿，字槃陀。平凉平高县人也，其先出自西国。曾祖妙尼、祖波波匿，并仕本国，俱为萨宝。"史射勿其名，当是由粟特语转译过来的，其祖辈出自西国，世代担任萨宝（祆教官职）。唐代官府设萨宝府管理祆教事务，是外来信仰的本土化。史射勿自幼聪慧勇武，北周时期，先后随晋荡公（宇文护）、郑国公、中国公等征讨北齐和稽胡部落，参与多场重要战役。隋朝建立后，他随姚辩北征，又助越国公杨素平定边患，多次攻打突厥。历任都督、大都督、开府仪同三司、骠骑将军等职，军功显赫，受赏颇多。隋大业五年（609年）病逝，葬于固原南郊乡小马庄村。

131 正议大夫右领军骠骑将军故史府君之（射勿）墓志

Memorial Inscription Tablet for the Deceased Lord Shi (Shewu), Grand Master for Proper Consultation and Agile Cavalry General of the Right Palace Guard

隋大业六年（公元610年）
1987年宁夏固原县南郊乡小马庄村史射勿墓出土
志盖：长47.0厘米，宽46.5厘米，厚10.0厘米
志石：长46.5厘米，宽45.0厘米，厚6.0厘米
宁夏固原博物馆藏

6th year of the Daye era (610 CE), Sui
Unearthed from the tomb of Shi Shewu in Xiaomazhuang Village, Nanjiao Township, Guyuan County, Ningxia in 1987
Lid of tablet: length 47.0 cm, width 46.5 cm, thickness 10.0 cm;
Base of tablet: length 46.5 cm, width 45.0 cm, thickness 6.0 cm
The Guyuan Museum of Ningxia

墓志一组（两件），均为青石质。志盖，长方形，盝顶式，四面斜杀，左上角稍有缺损，四杀面刻有四神纹饰带，四边阴刻一周忍冬纹样。盖顶正中镌刻减地阳文篆书"大隋正议大夫右领军骠骑将军故史府君之墓志"。篆文四周有减地阳刻卷云纹。志石，长方形，四边侧刻有三个壸门，正中壸门内刻"前"字，从壸门右侧开始，按顺时针方向，分别刻有十二生肖图像，背景皆同，上为卷云纹，下为山峦。

大隋正議大夫右領軍驃騎將軍故史府君之墓誌銘
公諱射勿字槃陀平涼平高縣人也其先出自西國曾祖妙尼
祖波波匿並仕本國俱為薩寶父認愁蹉跎年髮冄山官途公
幼而明敏風情爽悟趫悍蓋世勇力絕人保定四年從晉蕩公
東討天和元年從平高公於河東作鎮二年正月蒙授都督其
年二月被使從鄭國公征王壁城建德五年又從申國公擊破
軹關大蒙優賞宣政元年從上柱國齊王憲掩討稽胡開皇二
年從上開府岐章公李軌出向涼州与突厥戰于城北又隨史
万歲羅截奔徒開皇三年應募隨上開府姚辯北征隨方勦撲
又從安豐公髙越盡銳攻圍十年正月從　駕幸并州十四年
轉帥都督十有七年遷大都督十九年又隨越國公素絕幕大
殲凶黨噍類無遺即蒙授開府儀同三司以旌殊績其年十一
月　勅授驃騎將軍廿年又從　齊王入磧仁壽四年蒙賜粟
一千石甲第一區并奴婢綾綃前後委積大業元年轉授右領
軍驃騎將軍又蒙賜物三百段米二百斛其年又從　駕幸楊
州蒙賜物四百段錢六万文五年三月廿四日遘疾薨于私第
時年六十有六即以六年太歲庚午正月癸亥朔廿二日甲申
葬于平涼郡之咸陽鄉賢良里嗚呼哀哉世子訶耽次長樂次
安樂朝請大夫次大興次胡郎次道樂次拒達並有孝性俱能
追遠懼茲陵谷乃作銘云
洪源峻擬慶緒靈長祚興石室族熾金方維公降誕家族載昌
撫劍從驃挺刃勤王位以功進賞以誠來既登上將即擬中台
驚飆何迅崦光遽頹何年何歲松櫝方摧

大隋正議大夫右領軍驃騎將軍故史府君之墓誌銘
公諱射勿字槃陁平涼平高縣人也其先出自西國曾祖妙尼
祖波波匿並仕本國俱為薩寶父認愁蹉跎年髮舛此宦途公
幼而明敏風情爽悟驍悍蓋世勇力絕人保定四年從晉蕩公
東討天和元年從平高公於河東作鎮二年正月蒙授都督其
年二月被使從鄭國公征玉壁城建德五年又從申國公擊破
軹關大蒙優賞宣政元年從上柱國齊王憲掩討稽胡開皇二
年從上開府岐章公李軌出向涼州與突厥戰于城北又隨史
万歲羅截奔徒開皇三年應募隨上開府姚辯北征隨方勦撲
又從安豐公高越盡銳攻圍十年正月從駕幸并州十四年
轉帥都督十有七年遷大都督十九年又隨越國公素絕幕大
殲凶黨唯類無遺即蒙授開府儀同三司以旌殊績其年十一
月　勑授驃騎將軍廿年又從齊王入磧仁壽四年蒙賜粟
一千石甲第一區并奴婢綾綿前後委積大業元年轉授右領
軍驃騎將軍又蒙賜物三百段米二百斛其年又從駕幸楊
州蒙賜物四百段錢六万文五年三月廿四日遘疾薨于私第
時年六十有六即以六年太歲庚午正月癸亥朔廿二日甲申
塋于平涼郡之咸陽鄉賢良里嗚呼哀哉世子訶耽次長樂次
安樂朝請大夫次大興次胡郎次道樂次拒達並有孝性俱能
追遠懼茲陵谷乃作銘云
洪源峻擲慶緒靈長祚興石室族熾金方維公降誕家族載昌
撫劍從驃挺刃勤王位以功進賞以誠來既登上將即擬中台
驚飆何迅崦光遽頹何年何歲松檟方摧

132 金面饰

Gold Facial Ornaments

唐（公元 618 年—907 年）
冠饰残长 14.5 厘米；颌托饰长 35.3 厘米
宁夏固原博物馆藏

Tang (618–907 CE)
Length of crown (remainder) 14.5 cm; length of jaw brace 35.3 cm
The Guyuan Museum of Ningxia

用金片锤打成薄皮，剪刻而成。金冠饰：长条带饰，中间为矛形，两侧为对称月牙。颌托饰：长条带饰，中间为椭圆形，颌饰边沿以联珠纹装饰。

133 东罗马金币仿制品

Replica of a Gold Coin from the Eastern Roman Empire

唐麟德元年（公元 664 年）
1985 年宁夏固原县南郊乡羊坊村
史索岩夫妇墓出土
径 2.3 厘米，重 2.0 克
宁夏固原博物馆藏

1st year of the Linde era (664 CE), Tang
Unearthed from the tomb of Shi Suoyan and his wife in Yangfang Village, Nanjiao Township, Guyuan County, Ningxia in 1985
Diameter 2.3 cm, weight 2.0 g
The Guyuan Museum of Ningxia

圆形，边缘有剪痕，单面打压图案，上下各有一圆形穿孔。币面为东罗马皇帝正面半身肖像，头戴盔，身着铠甲，肩扛短矛，耳边有飘带飞起。头盔由联珠纹组成。虽有铭文，但大多不清楚。制作粗糙，已经失真，属东罗马金币的仿制品。

134 东罗马金币仿制品

Replica of a Gold Coin from the Eastern Roman Empire

唐咸亨元年（公元 670 年）
1986 年宁夏固原县南郊乡小马庄村
史诃耽夫妇合葬墓出土
径 2.3 厘米，重 2.0 克
宁夏固原博物馆藏

1st year of the Xianheng era (670 CE), Tang
Unearthed from the tomb of Shi Hedan and his wife in Xiaomazhuang Village, Nanjiao Township, Guyuan County, Ningxia in 1986
Diameter 2.3 cm, weight 2.0 g
The Guyuan Museum of Ningxia

圆形，外边有一周弦纹，单面打压。中为一东罗马皇帝正面肖像，头戴盔，盔由小联珠纹组成，身着铠甲，肩扛一短矛，面部不甚清晰，耳较大，周有一圈拉丁文铭文，铭文大多已变形，除个别字母以外，难以辨认。

135 东罗马金币仿制品

Replica of a Gold Coin from the Eastern Roman Empire

唐仪凤三年（公元 678 年）
1982 年宁夏固原县南郊乡王涝坝村
史道德墓出土
径 2.0 厘米，重 4.0 克
宁夏固原博物馆藏

3rd year of the Yifeng era (678 CE), Tang
Unearthed from the tomb of Shi Daode in Wanglaoba Village, Nanjiao Township, Guyuan County, Ningxia in 1982
Diameter 2.0 cm, weight 4.0 g
The Guyuan Museum of Ningxia

双面均打压图案，顶部有一穿孔。正面中央为一东罗马皇帝正侧面肖像。其头戴盔，身着铠甲，肩扛短矛，矛头稍现。边有一周拉丁文铭文，铭文多已残。背面为一胜利女神像，模糊不清，手中可能握一长十字架，另一手执小金球。上有一圈拉丁铭文，除个别字母外，多已无法辨识。

136 彩绘陶镇墓武士俑

Painted Pottery Figurine of a Tomb-guarding Warrior

唐永徽六年至显庆三年（公元 655 年—658 年）
1995 年宁夏固原县南郊乡小马庄村史道洛夫妇合葬墓出土
高 83.0 厘米
宁夏固原博物馆藏

Between the 6th year of the Yonghui era and the 3rd year of the Xianqing era (655–658 CE), Tang
Unearthed from the tomb of Shi Daoluo and his wife in Xiaomazhuang Village, Nanjiao Township, Guyuan County, Ningxia in 1995
Height 83.0 cm
The Guyuan Museum of Ningxia

泥质灰陶。浓眉，圆眼，有须，嘴紧闭。面部涂红，眉眼及胡须以墨线勾勒。其头戴翻檐护耳盔，彩绘描金，身穿明光甲，下着战裙，足蹬靴。战裙上彩绘花纹图案。双臂前屈，双拳紧握，两足分开站立于山崖形底座上，神态威武。

137 彩绘陶镇墓武士俑

Painted Pottery Figurine of a Tomb-guarding Warrior

唐永徽六年至显庆三年（公元 655 年—658 年）
1995 年宁夏固原县南郊乡小马庄村史道洛夫妇合葬墓出土
高 85.0 厘米
宁夏固原博物馆藏

Between the 6th year of the Yonghui era and the 3rd year of the Xianqing era (655–658 CE), Tang
Unearthed from the tomb of Shi Daoluo and his wife in Xiaomazhuang Village, Nanjiao Township, Guyuan County, Ningxia in 1995
Height 85.0 cm
The Guyuan Museum of Ningxia

泥质灰陶。浓眉，圆眼，有须，张口发怒状。面部涂红，眉眼及胡须以墨线勾勒。头戴翻檐护耳盔，彩绘描金，身穿明光甲，下着战裙，足蹬靴。战裙上彩绘花纹图案。双臂前屈，双拳紧握，两足分开站立于山崖形底座上，神态威武。

史射勿墓壁画

史射勿墓壁画武士蓄“一”字髭，大络腮胡，面部具高颧骨、高鼻、深目的胡人特征。持环首刀，着交领大袖宽袍，为褒衣博带的汉地样式，下穿宽裤，足蹬乌靴。另还绘有头戴两脚幞头的执笏侍从，作躬身进谒状。侍女皆梳高发髻，着齐胸红条长裙而立，其中一人手执如意，这种服饰造型于唐墓壁画愈发多见。

史射勿墓壁画人物造型为典型的中原风格，其突出特点在于用笔，线条遒劲，变化丰富。塑造人物面部结构不施色彩晕染，仅凭线条的轻重和粗细就能凸显骨骼和肌肉的不同质感，鼻骨硬朗高耸，苹果肌紧实圆润。描绘人物身体的动态，仅用一根线条，通过运笔使转、提按便能体现出肩、肘关节弯曲时的透视。这种自由流畅的线条来自中原强大的书法用笔传统。

史射勿墓壁画人物服饰施色以平涂为主，宽袍正面施以红色，内里和裤子留白或施白色，环首刀和靴子施黑色。这种以不同颜色摹绘物类，使得颜色符合事物的变化得其真实情状的施色方法，由南朝理论家谢赫概括为“随类赋彩”。

史射勿墓和李贤墓壁画都是先以白灰浆打底，再施色其上，颜色皆为红、黑、白三色，但造型方法却大不相同。魏晋南北朝至隋唐时期，原州处于华夏文明和西域文化的交汇点，丝绸之路前脚吹来了西域的风，一霎间又融进了广袤的中原大地，碰撞与交融、多元与开放正是彼时原州的时代主题。

138 执刀武士壁画

Mural of a Warrior Holding a Saber

隋大业五年（公元 609 年）
1987 年宁夏固原县南郊乡小马庄村史射勿墓出土
纵 168.0 厘米，横 59.0 厘米
宁夏固原博物馆藏

5th year of the Daye era (609 CE), Sui
Unearthed from the tomb of Shi Shewu in Xiaomazhuang Village, Nanjiao Township, Guyuan County, Ningxia in 1987
Height 168.0 cm, width 59.0 cm
The Guyuan Museum of Ningxia

武士侧身而立，头戴高冠，身着红色交领宽袍，下身穿白色宽裤，足蹬乌靴，双脚呈八字状站立，面部稍残，浓眉大眼，高鼻，颧骨较高。上唇有一字须，双鬓下颌蓄有密须，神情安然，双手执环首刀于胸前。

139 执刀武士壁画

Mural of a Warrior Holding a Saber

隋大业五年（公元 609 年）
1987 年宁夏固原县南郊乡小马庄村史射勿墓出土
人物高 160.0 厘米
宁夏固原博物馆藏

5th year of the Daye era (609 CE), Sui
Unearthed from the tomb of Shi Shewu in Xiaomazhuang Village, Nanjiao Township, Guyuan County, Ningxia in 1987
Height of figure 160.0 cm
The Guyuan Museum of Ningxia

头戴高冠，侧穿一笄。浓眉，深目，高鼻，双唇紧闭，蓄须，表情严肃。身着红色交领长袍，下穿红色宽口裤，足蹬乌皮靴，头向右侧。双手拄刀于腹前。

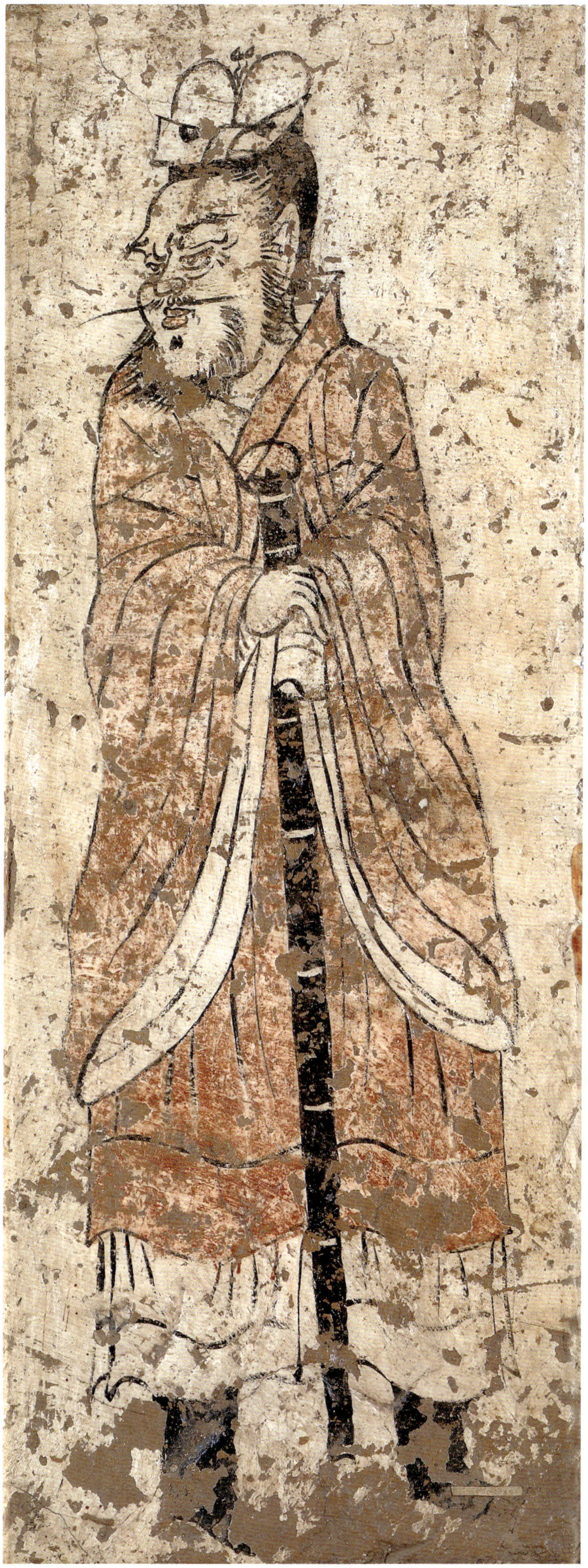

140 执刀武士壁画

Mural of a Warrior Holding a Saber

隋大业五年（公元 609 年）
1987 年宁夏固原县南郊乡小马庄村史射勿墓出土
人物高 160.0 厘米
宁夏固原博物馆藏

5th year of the Daye era (609 CE), Sui
Unearthed from the tomb of Shi Shewu in Xiaomazhuang Village, Nanjiao Township, Guyuan County, Ningxia in 1987
Height of figure 160.0 cm
The Guyuan Museum of Ningxia

头戴高冠，冠前低后高，侧穿一笄。浓眉，深目，高鼻，双唇紧闭，蓄须，表情严肃。身着红色交领长袍，袍袖宽大，下穿红色宽口裤，足蹬乌皮靴，双手紧握环首刀于腹前侧身站立。

141 执笏板侍者壁画

Mural of an Attendant Holding *Hu* ("tablet for recording")

隋大业五年（公元 609 年）
1987 年宁夏固原县南郊乡小马庄村史射勿墓出土
纵 144.0 厘米，横 59.0 厘米
宁夏固原博物馆藏

5th year of the Daye era (609 CE), Sui
Unearthed from the tomb of Shi Shewu in Xiaomazhuang Village, Nanjiao Township, Guyuan County, Ningxia in 1987
Height 144.0 cm, width 59.0 cm
The Guyuan Museum of Ningxia

头戴高冠，侧身站立，身着红色交领宽袍，腰束白色宽带，下身穿白色宽裤，脚穿乌皮靴。圆方脸，浓眉大眼，高鼻，颧骨较高，上唇留一字胡须，双鬓下颌留浓密络腮胡，双手于胸前执一小笏板，人物较矮小。

142 执笏板侍者壁画

Mural of an Attendant Holding *Hu* (“tablet for recording”)

隋大业五年（公元 609 年）
1987 年宁夏固原县南郊乡小马庄村史射勿墓出土
人物高 120.0 厘米
宁夏固原博物馆藏

5th year of the Daye era (609 CE), Sui
Unearthed from the tomb of Shi Shewu in Xiaomazhuang Village, Nanjiao Township, Guyuan County, Ningxia in 1987
Height of figure 120.0 cm
The Guyuan Museum of Ningxia

头戴黑色幞头，幞头两角垂于脑后。浓眉，深目高鼻，无须，身着白色圆领窄袖长袍，腰束黑色革带，足蹬乌靴。双手执笏板，拱手站立。

143 执笏板侍者壁画

Mural of an Attendant Holding *Hu* ("tablet for recording")

隋大业五年（公元 609 年）
1987 年宁夏固原县南郊乡小马庄村史射勿墓出土
人物高 120.0 厘米
宁夏固原博物馆藏

5th year of the Daye era (609 CE), Sui
Unearthed from the tomb of Shi Shewu in Xiaomazhuang Village, Nanjiao Township, Guyuan County, Ningxia in 1987
Height of figure 120.0 cm
The Guyuan Museum of Ningxia

头戴黑色幞头，幞头两角垂于脑后，浓眉大眼，高鼻无须，身着红色圆领窄袖长袍，腰束黑色革带，足蹬乌靴。双手执笏板于胸前，拱手站立。

144 侍女壁画

Mural of Maids

隋大业五年（公元 609 年）
1987 年宁夏固原县南郊乡小马庄村史射勿墓出土
纵 78.0 厘米
宁夏固原博物馆藏

5th year of the Daye era (609 CE), Sui
Unearthed from the tomb of Shi Shewu in Xiaomazhuang Village, Nanjiao Township, Guyuan County, Ningxia in 1987
Height 78.0 cm
The Guyuan Museum of Ningxia

画面上可以辨认的大约有五人，左起第一侍女，头梳高髻，面部模糊，身着齐胸红条长裙，左手稍举，右手于胸前执一如意。第二人，梳高髻，长眉细眼，身着红条长裙，裙摆较宽。第三人，头身业已错位，梳高髻，面相长方，长眉细眼，直鼻，颈部残缺，身着红条长裙。第四人，面部残缺，亦着红条长裙。第五人，梳高髻，直鼻，小口涂红，身着齐胸红色条裙。

145 团窠对鸟纹锦

Brocade with the Pair-of-birds-in-a-round-nest Pattern

唐（公元 618 年—907 年）
长 16.5 厘米，宽 4.4 厘米
宁夏固原博物馆藏

Tang (618–907 CE)
Length 16.5 cm, width 4.4 cm
The Guyuan Museum of Ningxia

两端残缺，图案主体为团窠对鸟纹。

146 金銙、金带扣

Gold Belt Plaques and a Gold Buckle

唐仪凤三年（公元 678 年）
1982 年宁夏固原县南郊乡王涝坝村史道德墓出土
金带扣长 4.6 厘米，宽 3.2 厘米；方形金銙长 1.9 厘米，宽 2.2 厘米
宁夏固原博物馆藏

3rd year of the Yifeng era (678 CE), Tang
Unearthed from the tomb of Shi Daode in Wanglaoba Village, Nanjiao Township, Guyuan County, Ningxia in 1982
Gold buckle: length 4.6 cm, width 3.2 cm;
Rectangular gold plaques: length 1.9 cm, width 2.2 cm
The Guyuan Museum of Ningxia

金带扣，打押制成，前端呈椭圆形，后端呈长方形，中有一个扣针，后端有三个穿孔。边缘斜刹，背凹。方形金銙，打押制成。长方形，四边斜刹，上有长方形孔，两侧各有一穿孔。

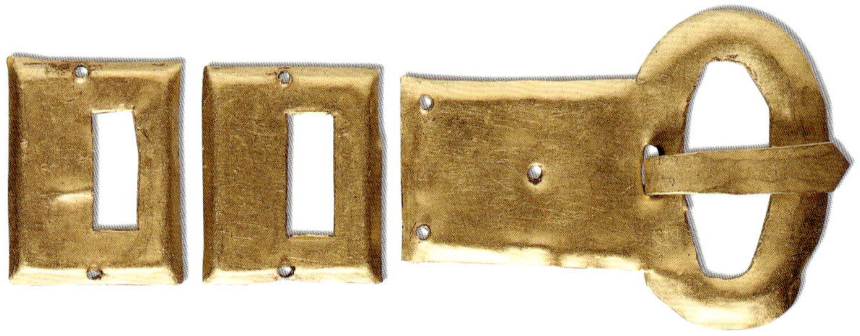

147 鎏金银带饰

Gilded Silver Belt Ornaments

唐（公元 618 年—907 年）
1996 年宁夏固原县七营乡铁家沟出土
长 6.0 厘米，宽 2.0 厘米
宁夏固原博物馆藏

Tang (618–907 CE)
Unearthed from Tiejiagou, Qiying Township, Guyuan County, Ningxia in 1996
Length 6.0 cm, width 2.0 cm
The Guyuan Museum of Ningxia

银质，鎏金，呈长方形，由银片锤揲而成，正面鎏金，四侧边缘锤揲向上翻卷，表面饰草叶纹，背面凹入，边缘有孔。

148 鎏金银带饰

Gilded Silver Belt Ornaments

唐（公元 618 年—907 年）
1996 年宁夏固原县七营乡铁家沟出土
长 4.0 厘米，宽 4.0 厘米
宁夏固原博物馆藏

Tang (618–907 CE)
Unearthed from Tiejiagou, Qiying Township, Guyuan County, Ningxia in 1996
Length 4.0 cm, width 4.0 cm
The Guyuan Museum of Ningxia

银质，鎏金，呈正方形，由银片锤揲而成，正面鎏金，四侧边缘锤揲向上翻卷，表面饰草叶纹，背面凹入，边缘有孔。

149 龙纹金饰

Gold Ornament with the Dragon Pattern

唐（公元 618 年—907 年）
1996 年宁夏固原县七营乡铁家沟出土
长 7.7 厘米，宽 2.2 厘米
宁夏固原博物馆藏

Tang (618–907 CE)
Unearthed from Tiejiagou, Qiying Township, Guyuan County, Ningxia in 1996
Length 7.7 cm, width 2.2 cm
The Guyuan Museum of Ningxia

金饰上刻有多条龙，姿态各异，刻画精美。

150 龙首衔环金饰

Dragon-head-shaped Gold Ornament with a Ring in Its Mouth

唐（公元 618 年—907 年）
1996 年宁夏固原县七营乡铁家沟出土
长 8.0 厘米，宽 2.5 厘米
宁夏固原博物馆藏

Tang (618–907 CE)
Unearthed from Tiejiagou, Qiying Township, Guyuan County, Ningxia in 1996
Length 8.0 cm, width 2.5 cm
The Guyuan Museum of Ningxia

由龙首和金环组成，龙首作张嘴呲牙状，口中衔环。

151 龙纹金饰

Gold Ornaments with the Dragon Pattern

唐（公元 618 年—907 年）
1996 年宁夏固原县七营乡铁家沟出土
长 2.0 厘米，宽 0.9 厘米
宁夏固原博物馆藏

Tang (618–907 CE)
Unearthed from Tiejiagou, Qiying Township, Guyuan County, Ningxia in 1996
Length 2.0 cm, width 0.9 cm
The Guyuan Museum of Ningxia

金片模压成形，正面月牙形，边沿一周凹下，表面模压出一龙形。背面以薄金皮封闭，用小金钉铆接，应为腰带装饰。

152 鎏金铜勺

Gilded Bronze Spoons

唐乾封元年至咸亨元年（公元 666 年—670 年）
1986 年宁夏固原县南郊乡羊坊村史铁棒墓出土
通长 6.7 厘米，勺长 1.8 厘米、宽 1.2 厘米
宁夏固原博物馆藏

Between the 1st year of the Qianfeng era and the 1st year of the Xianheng era (666–670 CE), Tang
Unearthed from the tomb of Shi Tiebang in Yangfang Village, Nanjiao Township, Guyuan County, Ningxia in 1986
Overall length 6.7 cm, length of spoon bowl 1.8 cm, width 1.2 cm
The Guyuan Museum of Ningxia

椭圆形勺，铲状平底，稍尖，条形柄，柄端弯曲。

153 鎏金铜勺

Gilded Bronze Spoon

唐乾封元年至咸亨元年（公元 666 年—670 年）
1986 年宁夏固原县南郊乡羊坊村史铁棒墓出土
勺身长 2.5 厘米、宽 2.1 厘米，柄长 8.4 厘米、宽 0.5 厘米
宁夏固原博物馆藏

Between the 1st year of the Qianfeng era and the 1st year of the Xianheng era (666–670 CE), Tang
Unearthed from the tomb of Shi Tiebang in Yangfang Village, Nanjiao Township, Guyuan County, Ningxia in 1986
Length of spoon bowl 2.5 cm, width of spoon bowl 2.1 cm, length of handle 8.4 cm, width of handle 0.5 cm
The Guyuan Museum of Ningxia

椭圆形勺，内深底圆，扁圆柄，柄端弯曲稍尖。

154 白瓷钵

White Porcelain *Bo* (“food vessel”)

隋大业五年（公元 609 年）
1987 年宁夏固原县南郊乡小马庄村史射勿墓出土
通高 9.6 厘米，口径 14.0 厘米，腹径 15.2 厘米，底径 9.4 厘米
宁夏固原博物馆藏

5th year of the Daye era (609 CE), Sui
Unearthed from the tomb of Shi Shewu in Xiaomazhuang Village, Nanjiao Township, Guyuan County, Ningxia in 1987
Overall height 9.6 cm, diameter of mouth 14.0 cm, diameter of belly 15.2 cm, diameter of base 9.4 cm
The Guyuan Museum of Ningxia

口微敛，卷沿，沿面隆起。尖唇，短束颈。鼓腹，假圈足。通体施釉，釉色略泛青绿，上有冰裂状开片。内壁上部亦施釉，圈足部分露白胎。该器胎质坚硬细腻，釉色均匀，造型丰满、规整，是隋代白瓷中的精品。

155 白瓷豆

White Porcelain *Dou* (“stemmed plate”)

唐麟德元年（公元 664 年）
1985 年宁夏固原县南郊乡羊坊村史索岩夫妇合葬墓出土
高 14.9 厘米，口径 18.0 厘米，底径 12.5 厘米
宁夏固原博物馆藏

1st year of Linde era (664 CE), Tang
Unearthed from the tomb of Shi Suoyan and his wife in Yangfang Village, Nanjiao Township, Guyuan County, Ningxia in 1985
Height 14.9 cm, diameter of mouth 18.0 cm, diameter of base 12.5 cm
The Guyuan Museum of Ningxia

圆形豆盘，沿作尖圆唇，微敞。盘下为细腰座，座底外侈，圆唇呈喇叭形。表面施白釉，下流釉痕，座底未施釉，露白胎。冰裂纹开片，釉色泛黄。

156 白瓷壶

White Porcelain Pot

唐永徽六年至显庆三年（公元 655 年—658 年）
1995 年宁夏固原县南郊乡小马庄村史道洛夫妇合葬墓出土
高 14.4 厘米，腹径 13.5 厘米，颈径 4.8 厘米
宁夏固原博物馆藏

Between the 6th year of the Yonghui era and the 3rd year of the Xianqing era (655-658 CE), Tang
Unearthed from the tomb of Shi Daoluo and his wife in Xiaomazhuang Village, Nanjiao Township, Guyuan County, Ningxia in 1995
Height 14.4 cm, diameter of belly 13.5 cm, diameter of neck 4.8 cm
The Guyuan Museum of Ningxia

喇叭形口，束颈，斜直腰，腹下圆弧，大平底。壶表面施白釉，釉面光滑，底部未施釉，胎质细腻。

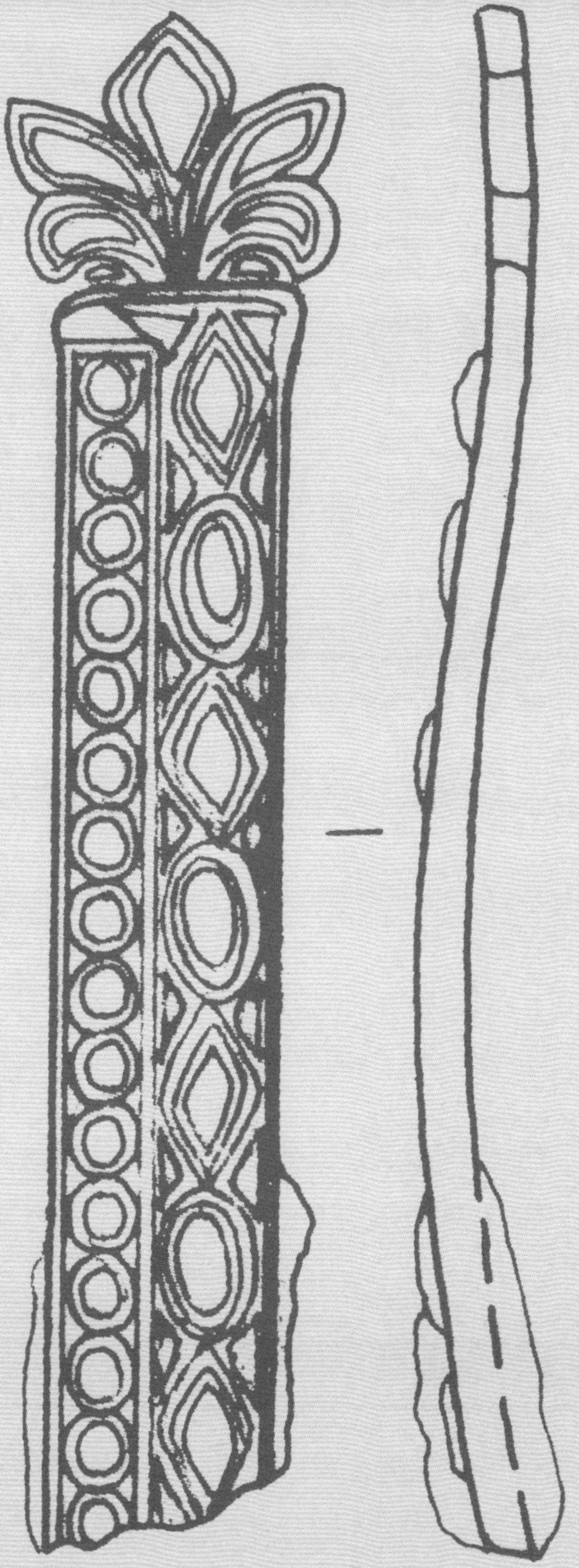

异域星芒

奔走于丝绸之路上的粟特人，不仅带来了以金器、玻璃器为代表的精美器物，还有以胡旋舞为代表的乐舞文化。宁夏盐池县出土的狩猎图金方奇具有波斯萨珊时期的艺术特征，史氏家族墓出土的佩饰品，既是贵族身份的象征，也是东西方工艺与审美碰撞融合的缩影。

唐代的原州地区是繁育良马的中心，史姓家族中的史铁棒就曾担任“司驭寺右十七监”，其墓志载“牧养妙尽其方，服习不违其性”。梁元珍墓牵马图壁画中的马夫既有汉人，也有胡人，“胡人牵马”是唐代流行的绘画题材。源自中亚的胡旋舞在唐代风靡一时，固原出土的乐舞绿釉陶扁壶就生动地刻画了胡人乐舞的欢腾场面。

Radiance of Exotic Appeal

The Sogdians who traveled along the Silk Roads brought with them exquisite goods, especially goldware and glassware, as well as musical and dancing traditions, most famously the Sogdian Whirl. A gold *fangqi* (“regional curiosity”) tablet depicting a hunting scene, unearthed in Yanchi County, Ningxia, exhibits characteristics of Sasanian Persian art. Pendants found in the Shi family cemetery serve not only as symbols of nobility but also as tangible expressions of artistic and aesthetic fusion between East and West.

During the Tang dynasty, Yuanzhou was a hub of breeding fine horses. Shi Tiebang, a member of the Shi family, held the post of Supervisor of the 17th Right Pasture under the Court of the Imperial Stud. His memorial inscription records that he mastered the ways of horse breeding and trained horses in accordance with their nature. In the mural from the tomb of Liang Yuanzhen, both Han and *Hu* (“barbarian”) grooms are depicted as leading horses. “*Hu* people leading horses” was a popular artistic motif during the Tang. The Sogdian Whirl dance, originating in Central Asia, became a cultural phenomenon in Tang China. A green-glazed pottery flask unearthed in Guyuan vividly captures an exuberant scene of Sogdians playing music instruments and dancing.

157 狩猎图金方奇

Gold *Fangqi* (“regional curiosity”) Tablet with the Depiction of a Hunting Scene

隋（公元 581 年—618 年）
2006 年宁夏盐池县青山乡古峰庄出土
长 18.0 厘米，宽 14.0 厘米，厚 1.0 厘米
宁夏吴忠市盐池县博物馆藏

Sui (581–618 CE)
Unearthed from Gufeng Village, Qingshan Township, Yanchi County, Ningxia in 2006
Length 18.0 cm, width 14.0 cm, thickness 1.0 cm
Yanchi County Museum, Wuzhong, Ningxia

以镂雕法制成泥范，后以失蜡法浇铸而成，版面未曾打磨抛光。一面饰狩猎图案和连续蔓草纹花边，一面刻八十二字铭文。正面纹饰为四重结构，中心以狩猎图为主，画面正中上方，有头戴插羽宝冠的骑马人，身着甲，足蹬靴，腰插箭，纵马驰骋，张弓搭箭，控弦待发，周旋于虎、熊、豹、猿、麋等姿态各异的猛兽间。画面左右下角各有一身披甲胄、挽弓跪射的勇士。第二重以两排钉状物将中心画面规为矩形，第三重为上下对应的两个兽面和四个龙纹与卷草组成的纹饰。最外饰一周钉状物。饰牌背面铭文铸于左、下、右三边处，魏碑体隶书，骈体文，正文五十六字，落款二十六字，自右至左为：“金钢（刚）灵质，盛衰不移。良工刻构，造兹方奇。明明彀骋，百兽飞驰。猿猴腾踯，狡兔奋髭。九龙衔穗，韩卢盼陂。洸洸巨例，御世庄丽。保国宜民，千载不亏。白乌二年岁在戊午三月丙申朔九日甲辰，中御府造，用黄金四斤。”

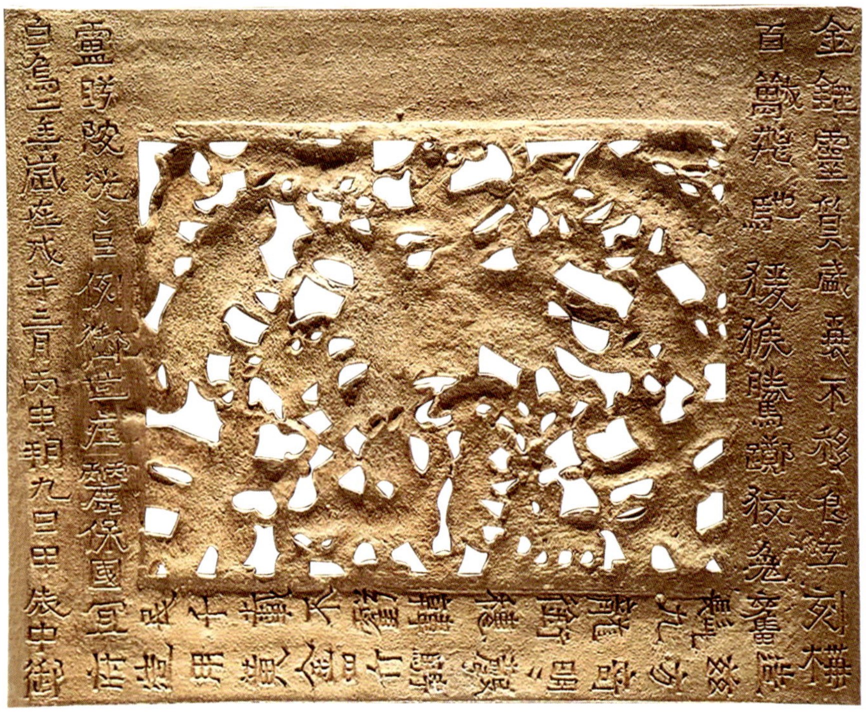

158 蓝色圆形宝石印章

Blue Round Gemstone Seal

唐乾封二年至咸亨元年（公元 667 年—670 年）
1986 年宁夏固原县南郊乡小马庄村史诃耽夫妇合葬墓出土
径 1.6 厘米，厚 0.5 厘米
宁夏固原博物馆藏

Between the 2nd year of the Qianfeng era and the 1st year of the Xianheng era (667–670 CE), Tang
Unearthed from the tomb of Shi Hedan and his wife in Xiaomazhuang Village, Nanjiao Township, Guyuan County, Ningxia in 1986
Diameter 1.6 cm, thickness 0.5 cm
The Guyuan Museum of Ningxia

圆形，一面光洁，边凸起。另一面刻有纹饰，为一卧狮。其面部清晰，鬃毛直竖，身后立三棵树状物，顶似花蕾。上有一周铭文。

159 铜戒指

Bronze Finger Ring

唐（公元 618 年—907 年）
戒面长 1.8 厘米、宽 1.5 厘米，径 1.8 厘米
宁夏固原博物馆藏

Tang (618–907 CE)
Length of ring head 1.8 cm, width of ring head 1.5 cm; diameter 1.8 cm
The Guyuan Museum of Ningxia

青铜质，戒面边缘有一周联珠纹，正面中间为一侧面人像，高鼻深目，身着交领服饰，应为中亚人物形象。

160 金耳环

Gold Earrings

唐（公元 618 年—907 年）
长 5.6 厘米
宁夏固原博物馆藏

Tang (618–907 CE)
Length 5.6 cm
The Guyuan Museum of Ningxia

半圆钩状，实心，尾部呈梅花形，坠部饰有联珠纹，有嵌槽，原应镶嵌有宝石，现已脱落。

161 鎏金花饰

Gilded Flower-shaped Ornament

唐乾封二年至咸亨元年（公元 667 年—670 年）
1986 年宁夏固原县南郊乡小马庄村史诃耽夫妇合葬墓出土
高 2.4 厘米
宁夏固原博物馆藏

Between the 2nd year of the Qianfeng era and the 1st year of the Xianheng era
(667–670 CE), Tang
Unearthed from the tomb of Shi Hedan and his wife in Xiaomazhuang Village, Nanjiao Township, Guyuan County, Ningxia in 1986
Height 2.4 cm
The Guyuan Museum of Ningxia

呈如意形，中有一个花蕊，边有四枝卷叶。

162 花叶纹金饰

Gold Ornament with the Flower-and-leaf Pattern

唐仪凤三年（公元 678 年）
1982 年宁夏固原县南郊乡王涝坝村史道德墓出土
高 2.8 厘米，宽 3.1 厘米
宁夏固原博物馆藏

3rd year of the Yifeng era (678 CE), Tang
Unearthed from the tomb of Shi Daode in Wanglaoba Village, Nanjiao Township, Guyuan County, Ningxia in 1982
Height 2.8 cm, width 3.1 cm
The Guyuan Museum of Ningxia

打押制成，单面花叶纹，稍凸。上下端各有一穿孔。

163 嵌绿松石金饰

Turquoise-inlaid Gold Ornaments

隋唐（公元 581 年—907 年）
长 1.4–3.0 厘米，宽 1.9–2.7 厘米
宁夏固原博物馆藏

Sui and Tang (581–907 CE)
Length 1.4-3.0 cm, width 1.9-2.7 cm
The Guyuan Museum of Ningxia

金饰上嵌有不同形状的绿松石，绿松石排列各有不同，随金器形状的变化而变化。

164 镶玻璃条形铜饰

Glass-inlaid Bar-shaped Bronze Ornament

隋大业五年（公元 609 年）
1987 年宁夏固原县南郊乡小马庄村史射勿墓出土
长 9.0 厘米，宽 2.0 厘米
宁夏固原博物馆藏

5th year of the Daye era (609 CE), Sui
Unearthed from the tomb of Shi Shewu in Xiaomazhuang Village, Nanjiao Township, Guyuan County, Ningxia in 1987
Length 9.0 cm, width 2.0 cm
The Guyuan Museum of Ningxia

呈条状，已残。顶端有花瓣，中嵌五颗绿色玻璃珠。一侧竖饰十六枚联珠纹样，中嵌白色珍珠。另一侧为菱形及椭圆形相间，椭圆形中嵌玻璃珠。

165 牵马图壁画

Mural of a Man Leading a Horse

唐圣历二年（公元 699 年）
1986 年宁夏固原县南郊乡羊坊村梁元珍墓出土
纵 99.0 厘米，横 128.0 厘米
宁夏固原博物馆藏

2nd year of the Shengli era (699 CE), Tang
Unearthed from the tomb of Liang Yuanzhen in Yangfang Village, Nanjiao Township, Guyuan County, Ningxia in 1986
Length 99.0 cm, width 128.0 cm
The Guyuan Museum of Ningxia

人物侧身站立，身着圆领窄袖红色长袍，腰束带，摆侧开缝，露裤，足蹬乌皮靴，双手执物于胸前。白马背上搭鞍袱，臀部革带上有饰物，马尾紧束上翘，左侧前、后腿提起后勾，右侧前、后腿立地作行走势。

166 牵马图壁画

Mural of a Man Leading a Horse

唐圣历二年（公元 699 年）
1986 年宁夏固原县南郊乡羊坊村梁元珍墓出土
纵 98.0 厘米，横 118.0 厘米
宁夏固原博物馆藏

2nd year of the Shengli era (699 CE), Tang
Unearthed from the tomb of Liang Yuanzhen in Yangfang Village, Nanjiao Township, Guyuan County, Ningxia in 1986
Length 98.0 cm, width 118.0 cm
The Guyuan Museum of Ningxia

人物侧身站立，头带黑色幞头，身着圆领窄袖紫红色长袍，腰束带，摆侧开缝，露裤，足登乌皮靴，双手执物于胸前。白马背上搭鞍袱，臀部革带上有饰物，马尾紧束上翘，右侧前、后腿提起后勾，左侧前、后腿立地作行走势。

胡旋

汉唐时期，西域乐舞随着丝绸之路逐渐传入中原。胡旋舞是粟特人喜爱的乐舞形式，舞者常常站立在小型舞筵之上快速旋转，周围多有琵琶、箜篌等胡乐相伴，其节奏鲜明，奔腾欢快，属于唐代的“健舞”，合于开放包容的大唐气象，一时间风靡宫廷与民间。

固原出土乐舞绿釉陶扁壶描绘了主舞、伴舞、乐伎共七人的舞蹈场面，画面正中一人立于圆形台上起舞，左右二人鼓掌击拍，左右共四个乐伎跪坐于莲花台上伴奏，弹琵琶、吹笛、击钹、拨箜篌。人物皆深目高鼻，头戴蕃帽，身着胡服，纵情歌舞。

源自粟特的疾转之舞，随着丝路驼铃踏入长安，掀起一阵胡风潮流，最终升腾为盛唐气象的鲜活注脚。这不仅见证了丝绸之路上的文明对话，更彰显了中华文明“和而不同”的深厚底蕴——以海纳百川的胸襟将外来优秀文化艺术熔铸为自身肌理，在兼容并蓄中延续着多元一体的文明品格。

167 乐舞绿釉陶扁壶

Green-glazed Pottery Flask with a Depiction of Musicians and Dancers

北周（公元 557 年—581 年）
1986 年宁夏固原县粮食局工地出土
高 11.3 厘米，宽 9.5 厘米
宁夏固原市原州区文物管理所藏

Northern Zhou (557–581 CE)
Unearthed from the construction site of the Food Bureau of Guyuan County, Ningxia in 1986
Height 11.3 cm, width 9.5 cm
Yuanzhou District Administration of Cultural Relics, Guyuan, Ningxia

壶体扁圆，口部残缺，上窄下宽，两肩各有一系，一系残缺。通体施绿釉。壶腹两面装饰有相同的花纹图案。外圈饰有联珠纹，壶腹面中部为一组（七人）深目高鼻，身着胡服的乐舞浮雕图案。外围四人分坐莲花台伴奏乐器，中间三人载歌载舞。左上方一人，头戴宽条帽，身穿窄袖胡服，两腿跪踞莲花台上，两手持长笛吹奏。左下方一人，头戴宽条圆帽，身穿窄袖胡服，两腿跪踞莲花台上，倒抱琵琶伴奏。右上方一人，头戴宽条蕃帽，身穿宽领胡服，两腿跪踞莲花台上，双手握排箫。右下方一人，头戴宽条帽，两手抱弹箜篌。中间三人为舞伎。左侧舞者，头戴宽条帽，穿翻领胡服，两手向上举起作舞姿，中间一人为全图主角，身穿大翻领胡服，头戴宽条帽，头微上扬，右手举起，左手向身后倒勾，右足提起后勾，左足微屈前跃，足穿皮靴踩莲花台上，翩翩起舞。右侧一人头戴宽条帽，深目高鼻，侧面向中间，两手上举作舞姿。

索　引
Index

指导单位

上海市文化和旅游局
宁夏回族自治区文化和旅游厅
中共固原市委员会
固原市人民政府

主办单位

上海博物馆
宁夏回族自治区固原博物馆

协办单位

宁夏回族自治区固原市文化旅游广电局
宁夏回族自治区博物馆
宁夏回族自治区文物考古研究所
宁夏回族自治区吴忠市盐池县文化旅游广电局
宁夏回族自治区固原市原州区文化旅游广电局
宁夏回族自治区固原市彭阳县文化旅游广电局

特别支持

中国东方航空
China Eastern Airlines

展览总策划

褚晓波

内容策划

王　樾　陈　杰
米　广　张　强　王效军　马　强

统筹协调

褚　馨　王　佳　邵心怡　韦　刚
刘　娜　童文成　冯丽娟　李海平　陈　昊

陈列设计

杨宝辉　孙　栋　袁启明

内容撰写

王　樾　李文平　李惠平　韦嘉阳

海鹏燕　张　耀　肖　婷　高鹏丽　高梦玲　韩佰伟

张雨潇　苏　婕　吴泽帅　白　凯

教育宣传

石维尘　崔淑妍　杨佳怡

孙路遥　季沁园

文创开发

李　峰　冯　炜　赵铭岚　章炳良　丁大家

杜小宁　马白玲　程江维

活动协调

孔　宁　李偲暐

文物预防性保护

宋雪薇　杨宁国

展品摄影

张旭东　马爱华　杨嘉明

翻译校对

朱绩崧　孙欣祺　王　佳　邵心怡

线图绘制

黄丽荣　陈静静

版权申明

本图录所有文字、图片版权归上述所有借展机构和上海博物馆所有。在未经出版人允许的情况下，任何人不得采用任何形式（包括电子和机械）影印、录像、转载、改写本出版物的内容。

图书在版编目(CIP)数据

华彩六盘：宁夏固原文物精品集 / 上海博物馆编.
上海：上海书画出版社, 2025. 6.
-- ISBN 978-7-5479-3600-9
I. K872.433.2
中国国家版本馆CIP数据核字第20257V3A92号

华彩六盘：宁夏固原文物精品集

上海博物馆 编

主　　编　褚晓波
责任编辑　王　彬　苏　醒
特约编辑　张思宇
审　　读　雍　琦
特邀编审　陈　凌　丁唯涵
装帧设计　汪　超　王贝妮
图文制作　包卫刚
美术编辑　盛　况
技术编辑　包赛明

出版发行　上海世纪出版集团
　　　　　上海书画出版社
地　　址　上海市闵行区号景路159弄A座4楼
邮政编码　201101
网　　址　www.shshuhua.com
E-mail　shuhua@shshuhua.com
设计制作　上海维翰艺术设计有限公司
印　　刷　上海雅昌艺术印刷有限公司
经　　销　各地新华书店
开　　本　635×965　1/8
印　　张　26
版　　次　2025年6月第1版　2025年6月第1次印刷

书　　号　ISBN 978-7-5479-3600-9
定　　价　240.00元

若有印刷、装订质量问题，请与承印厂联系